人生がさらに
面白くなる

# 60歳からの
# 実語教／童子教

還暦から学び直す
大人の教養

齋藤孝
saito takashi

致知出版社

# 人生がさらに面白くなる60歳からの実語教／童子教＊目次

# 第一部

# 『実語教』

第二部

# 『童子教』

# 第一部

# 『実語教』

# 『実語教』とは何か？――日本人千年の教科書

これから読んでいく『実語教《じつごきょう》』は、平安時代の終わり頃に成立したといわれます。弘法大師・空海《くうかい》の作という説もありますが、定かではありません。鎌倉時代に世に広まって、江戸時代になると寺子屋の教科書となり、明治時代に入ってもしばらくは使われていたようです。つまり、千年近い年月にわたって、日本の子どもたちの教育に使われてきたわけです。

それほどまでに『実語教』が重宝されたのは、学びの大切さ、両親や教師など目上の人への礼儀、兄弟・友人・後輩とのつきあい方など、人間が世の中で生きていくうえで欠かせない大切な智恵が詰まっていたからです。子どもの頃に『実語教』をしっかり学んで自分のものにしてしまえば、自然と立派な大人になれたのです。

私は『実語教』を「日本人千年の教科書」と呼んでいます。日本人は『実語教』を学ぶことで生きる基礎をつくってきたのです。現代人が読むと言葉遣いは多少古くさいと感じるかもしれませんが、その内容は今でも通用する大切なものばかりです。

福沢諭吉は『学問のすゝめ』の中で「実語教に、人学ばざれば智なし、智なき者は愚人《ぐじん》なりとあり。されば賢人と愚人との別は学ぶと学ばざるとによりて出来るものなり」と書いています。福沢諭吉の『学問のすゝめ』は、『実語教』の内容を新しい時代に合わせて書き直したような内容になっているのですが、その基本となる考え方は、学問をすることによって智恵を身につけ、人間性を向上させ、世のため人のために貢献できるような人になるということです。そのような人はいつの時代にも求められるのです。その意味では、『実語教』には人生において成功を遂げるための基本が書かれているといってもいいと思います。

昔の子どもたちは『実語教』を暗誦《あんしょう》できるまで声に出して繰り返し読みました。そうやって書かれていることを自分の身に沁み込ませていきました。それが大人になって何か問題が起こったときに解決にヒントを与えてくれることもあるのです。

私たちの祖先が何を学び、どれほど真面目に生きてきたかを知るために、『実語教』は一番の本です。皆さんにも『実語教』に書かれている日本人の精神文化を受け継いで、それを次世代の子どもたちに伝えていっていただきたいと思います。『実語教』の歴史は、精神文化の継承の歴史。それを体感し、実践してください。

山高《やまたか》きが故《ゆえ》に貴《たっと》からず。
樹有《きあ》るを以《もっ》て貴《たっと》しとす。
人肥《ひとこえ》たるが故《ゆえ》に貴《たっと》からず。
智有《ちあ》るを以《もっ》て貴《たっと》しとす。

山は高いからといって価値があるわけではありません。
そこに樹があるから価値があるのです。
人は恰幅《かっぷく》がいいからといって尊敬されるわけではありません。
智があるから尊敬されるのです。

## 【解説】

『実語教』で一番有名な言葉が冒頭に出てきます。山が貴いのは高いからではなくて樹があるからだ、といっています。確かに荒涼として何もない山は人の役には立ちづらいし、見た目も悪いかもしれません。私は静岡県生まれなので富士山は毎日見ていました。富士山は日本一高い山ですけれど、ただ高いだけの岩山ではありません。五合目から麓《ふもと》にかけて豊かな木々が茂っています。それが富士山の神々しさをより一層感じさせてくれます。

これは人間にも当てはまります。人が貴いのは太って恰幅がいいからではなくて、智があるからだ、というのです。太って恰幅がいいというのは富貴の象徴で、それを重んじる人が多かったのですが、大事なのは智恵があるかどうかというのです。

近年、見た目を重視する〝ルッキズム〟が問題になっています。これは容姿によって人間を査定しようとする考え方です。しかし、『実語教』は、人間の価値とは見た目の良さにあるのではなくて、「智」があるからこそ人間は貴いというのです。

では、「智」とはなんでしょうか。それは単純に「頭がいい」ということではありません。知識はもちろん大事ですけれど、この「智」とは、人間が生きていくうえで身につけている総合的な判断力のようなものを指しています。あるいは、その根底にある優しさというものを含めてもいいでしょう。そういう「智」を身につけている人は、決して他人に対してマイナスになることをしません。

頭が良く見えても、SNSなどで罵詈雑言《ばりぞうごん》を吐いて他人を傷つけるような人もいます。そういう人を見ると、「智」とは心の優しさと知性が結びついたところにあるのではないかと思います。よく「あのおばあさんは学問はないけれど、生きる智恵があったね」というようなことをいいました。「智」とはそういうものなのでしょう。

山は樹があるから貴いし、人は智があるから尊いのです。樹木が生えていると適度に伐採《ばっさい》して整えて、見た目を美しくすることができます。ですから人も、まずは山に樹木があるように智がしっかり根づいていることが大事なのです。そのために昔の人は学問を積み重ね、日々の生活の中で判断力を鍛えていったわけです。

この最初の四句は人生の指針になります。この部分だけ繰り返し暗誦するだけでも価値があります。

## ――お金と智恵、長持ちするのはどちらか――

富《とみ》は是一生《これいっしょう》の財《たから》、
身滅《みめっ》すれば即《すなわ》ち共《とも》に滅《めっ》す。
智《ち》は是万代《こればんだい》の財《たから》、
命終《いのちおわ》れば即《すなわ》ち随《したが》って行《ゆ》く。

富は生きている間は役に立つ宝になりますが、
死んでしまえば体とともに消滅します。
智は万代《ばんだい》までも残る宝になります。
それは自分が死んでも子々孫々まで受け継がれていきます。

【解説】

「富《とみ》は一生《いっしょう》の財《たから》」といわれると、「やはり富は大事だ」と思うでしょう。でも、ここでいっているのは、富が役立つ期間は智と比べたら短いものだということです。「智《ち》は万代《ばんだい》の財《たから》」ですから、何代も超えて残っていくといっているのです。しかし、普通ならば、一生が終われば智もその人とともに終わってしまうと考えます。一方、富は遺産として残せますからより長く残るように思います。

問題は、価値があるのはどちらかということです。富は墓の中にまで持っていけません。とくに六十歳を過ぎると、今まで買ったものや貯めたお金もお墓にまでは持っていけないのだなと実感するようになります。もちろん次の代に残せるものもあるでしょうが、自分の身が終わればそれらも終わるのだという気持ちになります。だから、そういう物質的なものに価値を置くのではなくて、自分の中に積み上げた智を財産にしようじゃないかといっているのです。これは年齢を重ねていくにつれて、いよいよそういう気持ちが強くなるのではなかろうかと思います。

江戸時代の儒学者《じゅがくしゃ》・佐藤一斎《いっさい》は「少《しょう》にして学べば、則《すなわ》ち壮《そう》にして為すこと有り、壮《そう》にして学べば、則ち老いて衰えず、老いて学べば、則ち死して朽ちず」といいました。若いときに学べば壮年になって何かなすことができる、壮年になって学べば老いても衰えない、老年になって学べば死んでも朽ちない、というのです。

「死して朽ちず」には、ちゃんと学んでいれば何かしら後に残すことができるという意味があります。また、学んだ魂は非常に尊いものだから、死んでしまってもそれが次の世に続くという考え方もできます。『実語教』の「命終《いのちお》われば即《すなわ》ち随《したが》って行《ゆ》く」という言葉はそれをいっているのでしょう。

ソクラテスは「自分の魂の世話をする」といっています。生きている間に自分の魂の世話をちゃんとして善き人間になる。逆にいうと、善き人間になろうと努力することによって魂の世話ができているとソクラテスは考えました。そうして磨き上げた高貴な魂であれば、自分の死後も続いていくというのです。ソクラテスは、魂は不死だと信じていました。だから、刑死を命じられても怖くなかったのです。

この世のことだけを考えずに智を磨き続けようというと遠大に感じますが、逆に今生《こんじょう》の話だけではないと考えることが学ぶ意欲になるのではないでしょうか。

## 磨かない宝石は石瓦と変わらない

玉磨《たまみが》かざれば光無《ひかりな》し。
光無《ひかりな》きを石瓦《いしかわら》とす。
人学《ひとまな》ばざれば智無《ちな》し。
智無《ちな》きを愚人《ぐじん》とす。

宝玉は磨かなければ光を発しません。
光を発しなければ石瓦と変わりません。
人も学ばなければ智の光を発しません。
智のない人を愚かな人といいます。

**【解説】**

ここにある「玉」とは宝石の元になる原石です。だから、磨かなければ宝石としての輝きが出てきません。ダイヤモンドでもそうでしょう。原石を磨かないと光を放つことはありません。そんな光のない玉は石瓦と変わらないというのです。ダイヤモンドも原石のままでは価値はありません。

それと同じように、人も学ばなければ智という光が出てこないのです。智とは人が放つ光といっていいでしょう。「後光が差す」という言葉がありますけれども、学び続けて知性を積んだ人というのは、一種の光を放っているように感じることがあります。たとえば、将棋の世界でいうと羽生善治《はぶよしはる》さんや藤井聡太《そうた》さんを見ていると、和服姿の後ろから光が差しているようにも思えます。

学んでいると宝石が光り輝くように智という光が放たれてくるのです。だから、学ばなければ「智無《ちな》し」といっているわけです。そして、このような智のない人というのは「愚人《ぐじん》」であるというのです。

愚人という言い方はずいぶんきつく感じますが、この時代には「学べば賢人にな

ります よ。学ばなければ愚人のままですよ」というような言い方で子どもたちを鼓舞していたのだと思います。そう言われることによって、子どもたちも「愚かな人で終わるのは嫌だから学ぼう。学んで賢人になろう」と一所懸命学問に励んだのでしょう。

今の時代であれば、「智がない人は愚人だ」などというとクレームがきそうです。でも、『実語教』が読まれていた時代には、このようにはっきり言われることで、「自分はそんなふうになりたくない」「もっと智を得たい」と、みんな思ったのです。そして、「人として磨かれるためには学問をしなくてはいけない」と素直に受け取って、勉学に邁進《まいしん》したのです。

ですから、一見、厳しい言い方をしているようですけども、むしろすっきりと人を励ます言葉になっていたということなのです。

どんなに素晴らしい才能を持っていても、学ばなければ宝の持ち腐れになるということを私たちも心しなければいけません。同時に、それを子どもたちにしっかり教えていきたいと思うのです。

## いくら大金を積まれても蓄積した学問は譲れない

倉《くら》の内《うち》の財《ざい》は朽《く》つること有《あ》り。
身《み》の内《うち》の才《さい》は朽《く》つること無《な》し。
千両《せんりょう》の金《こがね》を積《つ》むといえども、
一日《いちにち》の学《がく》にはしかず。

倉にため込んだ財物は使えばいつかなくなります。
しかし、身につけた学問という財産は尽きることがありません。
千両という大金を積まれても、一日の学びに及ぶものではないのです。

【解説】

六十歳は干支が一回りして生まれ年の干支に還《かえ》るので、還暦といいます。人間も六十を過ぎると「一体自分の人生はどうであったのか」と振り返るようになります。今までの人生に思いを馳《は》せて、「自分は智の光を放っているだろうか」と考えたとき、「ちょっと足りないな」と思う方もおられるかもしれません。そういう方は、還暦を機に智の光を放てるように勉強をし直すのもいいと思います。

「明日死ぬかのように生きろ。永遠に生きるかのように学べ」とガンジーはいいました。明日死ぬかもしれないと思って生きる。そして、一生の課題として智を磨き続ける。この智を磨くためには学ぶことが基本になります。人生は学ぶことを背骨にして成り立っているのです。

今、テレビや雑誌などを見ると、容姿に関わる情報がとても多くなっています。しかし、容姿は年齢とともに衰えていきますから、そこを重視すると下り坂感が出て、年をとるのがつらくなります。一方、学びは積み重ねです。十代で学んだことは二十代で生きて、二十代で学んだことは三十代以降に生きて……というように積み上がっていきます。六十で『論語』を読めば内容がより深く理解できるでしょう。学ぶことには衰えがないのです。これは人間最大の財産といえるでしょう。「倉の内の財」は使えば消えてしまうけれど、「身の内の才」は朽ちることがないというのはそういうことです。それゆえに「千両の金を積むといえども、一日の学にはしかず」ということになるわけです。

千両の金と一日の学問のどちらを取るかといわれたら、大したことを学ばないのなら千両の金のほうがいい気がします。しかし、本居宣長《もとおりのりなが》が師と崇《あが》める賀茂真淵《かものまぶち》と面会を果たして『古事記』研究の志を固めた「松阪《まつさか》の一夜《ひとよ》」のように、千両の金よりも尊い一日の出会いというものもあります。

若い頃に読書に耽《ふけ》った日々が人生の中で一番いい時間だったと思える人は、「お金をあげるからその思い出と交換してくれ」といわれても拒否するでしょう。「本は情報ではなく人格である」と私は思います。読書を通じてソクラテスや親鸞《しんらん》や福沢諭吉が語りかけてくれると思えば、それはお金に代えられません。そういう学びを大切にする生き方こそ、価値ある生き方なのではないかと思うのです。

兄弟《きょうだい》常《つね》に合《あ》わず。慈悲《じひ》を兄弟《きょうだい》とす。
財物《ざいもつ》永《なが》く存《そん》せず。才智《さいち》を財物《ざいもつ》とす。

兄弟であってもずっと仲良くいられるわけではありません。
反対に、思いやりを持って接すれば、
兄弟でなくても兄弟のように親しくなれます。
お金や物といった財物は使ってしまえば減っていきます。
しかし、智恵や技術を財産とすれば、
いくら使ってもなくなることがありません。

【解説】

兄弟の仲が長続きしないというのは、単に兄弟仲が悪くなるということばかりではありません。幼い頃は一緒に育っても、大人になると別々に暮らすようになって、顔を合わせる機会が少なくなることもあります。それとは反対に、他人であっても相手を思いやる心で接すれば、その人が実の兄弟のようになるということもあります。

同じように、財物は使ってしまえばなくなってしまいます。だから、身につければなくなることのない智恵や技術を財物にしなさい、というのです。そうすれば、それらが人生を支える力になってくれるというわけです。

「慈悲《じひ》」というのは仏教の言葉で、真心を持って人と接する気持ちをいいます。阿《あ》弥陀《みだ》様は衆生《しゅじょう》を救おうという願《がん》を立てました。そんな慈悲の心を自分も持つようにしなさいというのです。これは人間関係を円滑《えんかつ》にするために欠かせないものです。

一方、「才智」とは人生の智恵のような総合的なものです。それを磨いていくことによって自分が生きていくための力になるということです。

これらを大切にすることで、人生は輝きを増していくことになるのです。

## 向学心を持ち続ければ老いても後悔することがない

四大日々《しだいひび》に衰《おとろ》え、心神夜々《しんじんやや》に暗《くら》し。
幼《いとけなき》時《とき》勤学《きんがく》せざれば、
老《お》いて後《のち》恨《うら》み悔《く》ゆといえども、
尚益《なおえき》する所《ところ》有《あ》ること無《な》し。
かるが故《ゆえ》に書《しょ》を読《よ》んで倦《う》むことなかれ。
学文《がくもん》に怠《おこた》る時《とき》なかれ。
眠《ねむ》りを除《のぞ》いて通夜《つうや》に誦《じゅ》せよ。
飢《うえ》を忍《しの》んで終日《ひめ(ね)もす》習《なら》え。

年をとるとだんだん体は衰えて、元気もなくなってきます。
幼時にしっかり勉強していないと、
年老いてからいくら後悔しても、どうにもなりません。
それゆえに、本を読むのは退屈だなどと思わずに、
しっかり読みなさい。
勉強をするときはさぼらずにやり通しなさい。
眠気を払って夜通し読み続けなさい。
お腹がすいても我慢して一日中習いなさい。

**【解説】**

「四大《しだい》」とは地・水・火・風のことで、私たちの体を指します。昔の人は、宇宙も私たちの体も、この四つの要素からできていると考えていました。その体が年をとって衰えてくると、心や精神も次第に元気がなくなっていきます。なぜかというと、幼少時にちゃんと勉強せず、老いてから「勉強しておけばよかった」と悔いても遅

いというのです。だからこそ、若いときは飽きることなく本を読んで怠らずに学問をしなさい、そうすれば老いてがっかりすることはない、というのです。「鉄は熱いうちに打て」ということです。

確かに年をとると、体だけでなく気力も衰えて、寂しい気持ちになることがあるかもしれません。とくに六十歳を越えると心身の衰えがはっきりわかります。以前には考えられなかったことが起こって、自分でも驚くことがあります。人や場所の名前が出てこなくて、老いを感じることもあります。

しかし、それは若い人にもあることです。私が学生たちを見ていても、授業で話したことが記憶されていないと思うことは多々あります。だから、必ずしも若いから記憶力が良くて、老いると衰えるとは思いません。老いと記憶力を結びつけて「年だから」と思い込んでいるところもあると思うのです。

年齢が行っても、先の人生を見ればそのときが一番若いのです。今は八十過ぎまで生きる人もたくさんいます。その人たちから見れば、六十歳はまだ若いと感じるでしょう。四十歳の人が「自分も年だな」といっているのを見ると、六十歳の人は「四十なんて全然若いよ」といいたくなるでしょう。そう考えると、いくつになってもその時点で勤勉に学べば、その後の人生に悔いがなくなるともいえるでしょう。

悔いのない人生を送るにはどうしたらいいかという根本的な問いに対して、『実語教』は「学びなさい」というシンプルなアドバイスをしているのです。「いくら学んでも六十を過ぎれば仕事に使うことがない」と考えるかもしれませんが、学ぶことを仕事に使うものとして限定する必要もないでしょう。

むしろ年をとると、仕事のためというより、教養そのものの価値によって自分を輝かせるために学ぼうと見方が変わります。それが本当の学びだと思います。「六十の手習い」といいますが、六十になったのを機会に学びたいという人はたくさんいます。そうやって落ち着いて教養に向かい合えるというのは大人の良さです。

また、学ぶときは「眠《ねむ》りを除《のぞ》いて通夜《つうや》に誦《じゅ》せよ」「飢《うえ》を忍《しの》んで終日習《ひめ(ね)もすなら》え」と厳しいことをいっていますが、日本はそれほど向学心を重視していた国だったのです。

# 師《し》に会《あ》うといえども学《まな》ばざれば、徒《いたずら》に市人《いちびと》に向《むか》うが如《ごと》し。

どんなに優れた先生と出会っても、学ぶ気持ちがなければ、普通の人と会っているのと変わりません。

【解説】

どんなに良い先生と出会っても、自分に学ぶ気持ちがなければ、そのへんの人と会っているのと同じだといっています。本当に学びたいと思ったならば、自分から学びに行くことが重要なのです。現在の学校教育は、入学すれば先生がそこにいるというシステムになっています。しかし、江戸時代までは違いました。たとえば、福沢諭吉は緒方洪庵《こうあん》の私塾である適塾で学びたいと思って、自分で選んで通いました。洪庵先生の価値を理解して、先生を尊敬して学んだのです。

そういう積極的な気持ちで学ぶと得るものが大きいのです。逆にいうと、そういう気持ちがなければ、どんなに有名な学校に行っても大したものは得られないということです。学ぶ側の思いとかエネルギーに比して、得られるものの大きさも変わってくるということでしょう。

大学で毎年何百人もの生徒を教えていると、同じことを話しても、あまり響かない人もいれば、全部を吸収してしまう人もいます。出版社に就職した教え子が卒業から二十年後に取材に来て、「先生は授業でこんな話をされていました」といったことがあります。その人は私が授業で話した言葉を明確に覚えていました。それは私の力というより学ぶ人の力です。学ぶ側が狙った獲物を逃さないような感覚で私の言葉をつかみ取ったのです。そんな積極的な学びの態度があると、師の価値が一層増すことになります。教える側からすると教師冥利《みょうり》に尽きるといった気持ちです。

大人になると学校には行かなくなりますが、学ぼうと思えば自分で師を選ぶことができます。「私淑《ししゅく》する」という言葉があります。これは学ぶ側が勝手に「この人が自分の先生だ」と決めて学ぶことをいいます。直接面識がなくても、その先生の著作などを通して学ぶのです。これであれば、亡くなって会うことができない人からも学ぶことができます。そこで何が得られるかは学ぶ側のエネルギー次第です。

『苦役列車』という作品で芥川賞を受賞した作家の西村賢太さんは藤澤清造《ふじさわせいぞう》という作家をリスペクトして、藤澤清造の「没後弟子」を名乗っていました。藤澤さんの個人全集を作ることを目標に掲げて作品を集め、月命日には必ず墓参りをしていました。残念なことに西村さんは二〇二二年に急逝して、全集は未完で終わってしまいますが、藤澤さんの存在が創作の支えとなっていたことは明らかです。

――本当に自分のものになるまで繰り返すことが大事――

習《なら》い読《よ》むといえども復《ふく》せざれば、只隣《ただとなり》の財《たから》を計《かぞ》うるが如《ごと》し。

学問をするにしても読書をするにしても、何度も繰り返してやらなければ、ただ隣の家の財産を数えるようなもので、決して自分のものにはならない。

【解説】

『論語』の冒頭に「学びて時に之《これ》を習う、亦《ま》た説《よろこ》ばしからずや」（学而篇《がくじ》）とあります。勉強をするにしても本を読むにしても、自分のものにするには復習が大事だということです。一回で終わりにするのではなくて、何度も繰り返すことによって定着してくるということなのです。これは楽器を習うとかスポーツを習うことを考えればよくわかるでしょう。

せっかく時間をかけてやるのならば「技化《わざか》」、つまり自分の技になるところまでやらなければ意味がありません。自分のものにならないとすれば、それは隣の家の財産を数えるようなものだといっていますけれども、これは面白い表現です。

昔の人は、学問をするなら技になるところまでやり続けるということを基本にしていたのでしょう。子どもであれば、音読して暗誦《あんしょう》できるようになるまで続けるというのが一つの基本になっていました。

そう考えると、学問というものが一種の技の修行みたいなものです。ちょっと読んで知っているといったレベルではないのです。インターネットで見たとか動画で見たというのと、自分の身に刻み込んで理解するというのは全く世界が違うのです。たとえば、シェイクスピアについて何か聞いたことがあるという人と、『マクベス』を読んだことのある人、『マクベス』を音読したことがある人、音読した一部を人前で朗々と暗誦できるという人は、それぞれ段階が違います。

私はやりたがりなので、よく「マクベス夫人のセリフ行きます」といって唱えたり、歌舞伎《かぶき》の一節を唱えたりします。暗誦したセリフを役者のようにやるというのは、役者でなくても面白いことです。

大切なのは、そうすることによって学問がより身についたように感じられることです。隣の家の財産ではなくて、自分の財産になるのです。

このように、自分の財産になるまで何度も繰り返して完全に身につけることが大事なのです。そうやって、どんなときでも失敗しない技や型を会得していく。これは日本人の伝統的な学び方というものです。

君子《くんし》は智者《ちしゃ》を愛《あい》し、
小人《しょうじん》は福人《ふくじん》を愛《あい》す。

立派な人は智恵のある人を愛し、
つまらない人はお金持ちを愛するものです。

**【解説】**

『論語』では、君子と小人はよく対比されます。君子とは人格的に優れた人であり、小人は学んでいない凡人と考えてもいいでしょう。ここでは君子といわれる立派な人は智者を愛するし、つまらない小人はお金持ちを愛するといっています。

今はとにかくお金持ちになることに価値があると考える人が増えているようです。たとえば、ユーチューバーが儲かるというと、みんなユーチューバーになりたいというようになります。またアメリカには世界の大金持ちの大半がいて、大変な勢いで富を増しています。経済は重要ですから、そんな富裕な人たちの姿を見ると、乗り遅れてはいけないという気持ちになるのもわからなくはありません。

しかし、お金持ちを尊敬するというのは、今までの日本人の感覚からすると違和感があります。従来の日本人が憧れ尊敬したのは智恵のある人、知的な人なのです。智が極まってくると経済的な成功も引き寄せます。なぜならば智のある人は必然的にたくさんの仕事を依頼されるからです。また、常に新しいものを勉強して、新しいアイディアを生み出していきますから、経済的にも成功することになるのです。

ソニー創業者の井深大《いぶかまさる》さんや盛田昭夫さん、外国人ならエジソンなどはその代表格でしょう。こうした方たちは智恵を愛することによって自分も国も富ませたのです。

智を鍛えている人はいつまでも衰えることを知りません。私は百五歳まで生きた聖路加《せいるか》国際病院の日野原《ひのはら》重明先生に、先生が百歳の頃にお会いしたことがあります。握手をしていただいたのですが、すごく力強くて驚きました。頭もしっかりされていて、ジョークも口にされました。日野原先生は最後まで医者としての現役を貫かれましたが、心も含めて智を磨かれた方というのは一生を衰えず楽しめるのです。

もちろん不幸にして認知症などにかかられる方もおられると思います。でも、認知症を患われても、昔習った言葉は暗誦できるという方がおられました。『声に出して読みたい日本語』という本を出したときに、九十代の母親が認知症で記憶力も衰えて頭もはっきりしないけれども、本を読んであげていたら続きを暗誦しはじめたというお手紙もいただきました。繰り返し学んで身につけた記憶は、脳のどこかに残っているということなのかもしれません。

私たちはぜひ智を愛する君子を目指したいものです。

## ――貧しくても智を磨けば花を咲かせることができる――

富貴《ふうき》の家《いえ》に入《い》るといえども、財無《ざいな》き人《ひと》の為《ため》には、なお霜《しも》の下《した》の花《はな》の如《ごと》し。貧賤《ひんせん》の門《かど》を出《い》ずるといえども、智有《ちあ》る人《ひと》の為《ため》には、あたかも泥中《でいちゅう》の蓮《はちす》の如《ごと》し。

富裕な家に入っても、自分自身の財産が乏しい人は霜の下の花のように枯れてしまいます。貧しい家に生まれても、努力して智を磨いて身につければ、泥の中の蓮《はす》のように美しい花を咲かせることができるのです。

【解説】

「富貴《ふうき》の家《いえ》に入《い》る」というのは、玉の輿《こし》に乗るようなことでしょう。それは運のいいことのように見えますが、本人が「財無き人《ざいなきひと》」、財産を持っていなければ、霜の下から出た花のように、咲いてもすぐに萎《しお》れてしまうというのです。これは、せっかく運や成功を手にしても長続きしないということでしょう。反対に、貧しい家に生まれて苦労を強いられるような環境に置かれている人でも、努力して智や人徳を身につければ、泥の中の蓮のようにきれいな花を咲かせることができるのです。

かつてタイのホテルに行ったときに、中庭にある池に蓮の花が浮かんでいるのを見ました。この蓮池を維持・管理するのは大変だそうで、毎日従業員が苦労して世話をしていました。タイは仏教国ですから蓮の花を大事にしています。法華経は妙法蓮華経といわれるように、蓮の花というのは仏教の象徴とされているのです。

また、蓮の花はポンッと音をたてて開きます。そんな場面が映画の『姿三四郎』などにも出てきたように記憶しています。

蓮の花は泥の中にありながら美しい花を咲かせます。その様子をたとえて、『実語教』では、逆境にあったとしても諦めずに努力していれば美しい花を咲かせることができるといって、貧しい家に生まれた子どもたちを勇気づけているのです。これは苦労が無駄になることはないという教えでもあるのでしょう。

「貧賤《ひんせん》の門《かど》を出《い》ずる」というのは、お金がない貧乏な家の出身ということですが、そんなことは関係ないといっているのです。たとえるならば『学問のすゝめ』でいっているようなことを説いているわけです。生まれは関係なく、しっかり学問をすれば必ず花が咲くことになるのだ、と。

ハングリー精神という言葉がありますが、スポーツ選手や芸能人などで「自分が頑張って親を楽にしてみせる」といって努力を続けた結果、一流になった人の話をよく耳にします。野口英世も貧しい家に生まれ、子どものときに左手に大やけどを負いながらも勉学に励み、世界的な医学者になりました。

どんな境遇であろうとも、智や技を磨く努力をすればいいのです。そうすれば、有名になるかならないかは別として、自分のいる場所で必ず花を咲かせることができると思うのです。

父母《ふぼ》は天地《てんち》の如《ごと》く、師君《しくん》は日月《じつげつ》の如《ごと》し。
親族《しんぞく》はたとえば葦《あし》の如《ごと》し。夫妻《ふさい》はなお瓦《かわら》の如《ごと》し。
父母《ふぼ》には朝夕《ちょうせき》に孝《こう》せよ。師君《しくん》には昼夜《ちゅうや》に仕《つか》えよ。

父母は天地のような存在であり、先生や指導者は太陽や月のような存在です。
親族は葦のようにたくさんいても頼りにはなりません。
夫婦は瓦のようなもので、互いが先生になれるわけではない。
だから父母にはいつも孝行をしなさい。先生は尊敬して、いつも従いなさい。

【解説】

これまではずっと学ぶこと、智の大切さについて説いてきましたが、ここからは人間関係をテーマとした教えが続きます。ここでは親・先生や指導者・親族・夫婦などに対する接し方について述べています。

『論語』にあるように、「孝」は非常に大事なものとされました。「父母《ふぼ》は天地《てんち》の如《ごと》く」両親は天や地のようなものだというのはずいぶん大きなたとえですけれども、いうまでもなく自分がこの世に生まれ出たのは父母のおかげです。父母がいなければ自分はいないと思えば、「天地の如く」といってても決してオーバーではないでしょう。

また、「師君《しくん》は日月《じつげつ》の如《ごと》し」。先生や指導者は太陽や月のようなものだ、といっています。これは太陽や月を崇《あが》めるように先生を尊敬しなさいということでしょう。

父母を尊敬して孝を尽くせば、父母はしっかり子どもを育てようと思います。先生も生徒から尊敬されていると思えば、その気持ちに応えようとします。相手を尊敬する気持ちを持てば、尊敬されている側もちゃんとしようと思うのです。

次に親族についてですが、「親族《しんぞく》はたとえば葦《あし》の如《ごと》し」とあります。葦というのは葉が薄く、たくさん生える草です。だから、一つにはこれは親戚がたくさんいることを葦にたとえているのでしょう。確かに昔は兄弟姉妹が多かったので、親戚もたくさんいました。また、もう一つの意味として、親族は父母や先生に比べると日頃の関係が薄いから、そんなに頼りにはならないといっているのだと思います。

夫妻も同じようなもので、「なお瓦《かわら》の如《ごと》し」と。つまり、瓦のように平凡なものだから、互いを先生にして学び合うような存在ではないといっています。このあたりは現在の感覚とは違うかもしれませんが、夫婦は父母や師君のような上下関係ではありません。

杉本鉞子《えつこ》さんという長岡藩の家老の家に生まれた方が『武士の娘』という本を書いています。時代は明治に入る頃で、鉞子さんはやがてアメリカに行きますが、幼い頃には『論語』の先生が家に来て教えてくれたそうです。

あるとき、先生は幼い鉞子さんが姿勢を崩すのを見ると、学ぶ気持ちができていないというので「今日はこれで終わりにしましょう」といって授業を終えたそうです。先生が帰った後、鉞子さんはお父さんから「今日は早くおしまいだね」といわれて、胸に痛くて部屋に帰ってさめざめと泣いたそうです。

学ぶときに姿勢をちょっと崩しただけでそんなふうにいわれてしまうのですから厳しいものです。しかし、これは生徒だけではなくて先生のほうも本気で臨んでいるということなのでしょう。

武道などでは最初に先生と生徒が「よろしくお願いします」と互いに一礼します。この挨拶は学びの時間を師弟ともに大事にするためのもので、生徒が先生を一方的に尊敬しているというわけではありません。お互いに緊張感を持って臨みましょうという意味で一礼するのです。

本当の学びとは、それほど真剣なものでなくてはならないということです。

友《とも》と交《まじわ》りて争《あらそ》う事《こと》なかれ。
己《おのれ》より兄《けい》には礼敬《れいけい》を尽《つ》くし、
己《おのれ》より弟《てい》には愛顧《あいこ》を致《いた》せ。
人《ひと》として智《ち》無《な》き者《もの》は、
木石《ぼくせき》に異《こと》ならず。
人《ひと》として孝《こう》無《な》き者《もの》は、
畜生《ちくしょう》に異《こと》ならず。

友達と争ってはいけません。
年上の人には礼儀正しく敬意を払い、
年下の人はかわいがってあげなさい。
智恵のない者は木や石と変わりません。
親孝行の気持ちがない者は動物と変わりません。

**【解説】**

兄に対しては礼敬を尽くし、弟はかわいがってあげなさいといっています。昔は子どもの数が多くて、私の父親は十人兄弟でした。これだけの人数がいると、兄には礼敬を尽くして、弟はかわいがるというような取り決めをしないと、兄弟の秩序が保てなかったでしょう。これは姉と妹についても同じことがいえます。

『実語教』に兄弟の間の人間関係のあり方について書かれている一つの理由として、そういう家族の状況があったのではないかと思われます。

昭和の戦後間もない頃の写真を見ると、教室に弟や妹を背負って授業を受けている子どもが結構います。それが当たり前の風景だったのです。授業中に弟妹がおしっこをしてしまったから教室を出て後始末をしてから授業に戻るというようなこともあったようです。今は兄弟の数が少ないので、昔のように家族の中で人間関係を学ぶ機会は減っているといえるでしょう。

兄弟に限らず、「兄《けい》」は年上、「弟《てい》」は年下と解することもできます。

友達とも争ってはいけないといっています。福沢諭吉も、書生同士で頭に血が昇るようにして議論をしたことはないといっていました。福沢諭吉は、そういうことをしても無益だと考えていたのだと思います。

友達というものは適度な距離感が大事です。老荘思想の中に「君子の交わりは淡《あわ》きこと水の如し、凡人の交わりは甘きこと醴《あまざけ》の如し」という言葉があります。優れた人の交わり方は水のようにサラサラしていて、凡人の交わりというのは甘酒のようにベタベタしているというわけです。ベタベタしたつきあいというのはあまり好まれないのです。

年齢が行くに従って友達は大事になってきます。時間のゆとりができて、しかも寂しいのは嫌だから、友達同士で話す時間がほしくなるのです。

たまに行くカフェで七十代ぐらいの人が二人で仲良く話をしているのを見ました。二人とも耳が遠くなっているのか、話し声が店中に響き渡っていました。二人加わり四人になり、何を話しているのかと聞いていたら同窓会の打ち合わせをしているようでした。

互いに年老いた友がカフェに集まって仲良く話をしているというのは実にいい光景です。そういうのを見ると、六十を過ぎたぐらいから友達は大事なものになるのだなと思います。年をとって話し相手がいるというのは幸せなことです。

そうやって仲間を増やしていくのも智恵のなせる技といえるかもしれません。「人《ひと》として智《ち》無《な》き者《もの》は、木石《ぼくせき》に異《こと》ならず」とありますが、人間関係をトラブルなくこなしていくのも智恵の働きです。

同様に「人《ひと》として孝《こう》無《な》き者《もの》は、畜生《ちくしょう》に異《こと》ならず」とあるように、親を大切に思う気持ちを持つことによって、自分自身の生き方を見直すことができるのです。

# 三学《さんがく》の友《とも》に交《まじわ》らずんば、何《なん》ぞ七覚《しちがく》の林《はやし》に遊《あそ》ばん。

仏教の教える三つの習慣を身につけなければ、次に控える七つの階段を上ることはできません。

【解説】

ここにある「三学」とは、仏教の「戒《かい》・定《じょう》・慧《え》」という三つの教えを指します。「戒」とは善い行いを習慣的に身につけること、「定」とは乱れない心を育てること、「慧」とは智恵の恵の古い字で、世の中の真理に気づいて心が安らぐことをいいます。この三つは仏教の修行の目的とされています。

一方、「七覚《しちがく》」というのは悟りを得るための修行法で、次の七つの階段を指します。この階段を一番目から順に上がっていくと悟りに至ることができるというのです。

①物事のありのままの状態に気づく。
②心と体のそれぞれの働きの違いがはっきり見えてくる。
③精進し努力する姿勢が生まれてくる。
④精進や努力の結果、心に喜びを感じるようになる。
⑤心や体が落ち着き、軽くなる。
⑥心が散らばらず、一点に集中できるようになる。

## ⑦何があっても心が揺れ動かず、いつも静かな気持ちでいられるようになる。

心を整える三つの基本を身につけ、七つの階段を上がるのが仏教の修行だったのです。しかも単に「心の成長には七つの階段がある」というのではなくて、それを明確な言葉にして共有する習慣がありました。これは仏教における精神の修行ですが、『実語教』はこれを子どもなりにわかっておくことに意義があると考えたのです。

小学校の低学年ぐらいの年齢の子が戒・定・慧の三学を知り、七覚の発達段階を学んでいたというのは、精神の教育としてはずいぶんしっかりしたものだったと思います。儒教の仁・義・礼・智・信などもそうですが、目標を言葉ではっきり掲げていくと、目指すべき精神の目安ができるのです。

ベンジャミン・フランクリンも自伝の中で、自分の信念を十三個の徳目として表して、一つの徳目を一週間ずつ守ることを繰り返して身につけていったといっています。そういうものを見ると、徳を身につけることについて、東洋と西洋、キリスト教と仏教や儒教の間に大きな差があるわけではないことを感じます。

四等《しとう》の船《ふね》に乗《の》らずんば、誰《たれ》か八苦《はっく》の海《うみ》を渡《わた》らん。

人を大切にする四つの心を持たなければ、苦しみに満ちたこの世を渡ることはできません。

【解説】

「四等《しとう》」とは「慈《じ》・悲《ひ》・喜《き》・捨《しゃ》」の四つの心を指します。「慈」とは、相手に楽しみを与えて一緒に喜ぼうとする心。「悲」とは、相手の苦しみを取ってあげて一緒に悲しんであげる心。「喜」とは、相手の幸せを一緒に喜んであげる心。「捨」とは、差別なくみんなに平等に接する心。これらも仏教的なものです。

「八苦《はっく》の海《うみ》」とあるように、仏教ではこの世の中に八つの苦しみがあるといっています。「生《しょう》・老《ろう》・病《びょう》・死《し》」の四苦に加え、「愛別離苦《あいべつりく》（愛する人と別れる苦しみ）」「怨憎会苦《おんぞうえく》（嫌いな人と顔を合わせなければならない苦しみ）」「求不得苦《ぐふとくく》（欲しいものが手に入らない苦しみ）」「五蘊盛苦《ごうんじょうく》（欲や思い込みの中で生きる苦しみ）」の四苦をあわせて「八苦」といいます。そして「慈・悲・喜・捨」という船に乗らなければ、この八苦の海は渡っていけないというのです。

「四等」にはすべて相手があります。一緒に喜び、一緒に悲しむのです。だから、思わぬ災害に遭遇したときなどに「四等」があると、相手を慰める力になります。それによって相手は八つの苦しみから逃れることができるというのです。

私はずっとテニスをやっていたのですが、負荷がかかる状況でも揺らがない心を得たいと思って、呼吸法を中心にして無心になるトレーニングを続けてきました。その際に仏教の考え方も『ブッダの言葉』のような本で学びました。

自分の心の中に安心できるスペースが常にあると感じると、外で何か起こっても自分の内側は安らかな湖のように静かです。「ただ独り歩め」というブッダの言葉のような心境になるのです。仏教を学ぶと、葬式や法事に行っても子どもながらに厳《おごそ》かな気持ちになります。お坊さんの読経《どっきょう》を聞き、神聖なお寺の空気を感じると、〝生き死に〟に関わる大事なことがこの空間にあると思うようになりました。

六十を過ぎると、そういう空間の意味とか「慈・悲・喜・捨」の意図が一層わかるようになった気がします。幼い頃に「四等」や「八苦」というものを教わることによって仏教に馴染む気持ちが芽生えて、年とともに花開いてくるように感じます。

この世の中にはさまざまな宗教があり、〝生き死に〟の考え方もさまざまですが、日本文化の基本の一つが仏教であることは確かです。だから、一つの精神文化として、あるいは教養として仏教を学ぶのはいいことではないかと思うのです。

八正道《はっしょうどう》は広《ひろ》しといえども、
十悪《じゅうあく》の人《ひと》は往《ゆ》かず。
無為《むい》の都《みやこ》は楽《たの》しむといえども、
放逸《ほういつ》の輩《ともがら》は遊《あそ》ばず。

八つの正しい教えに沿った道は広々としていますが、
十の悪の心を持った人は歩こうとしません。
無理せず自然に生きることは楽しいことですが、
だらしなく欲深い人間はそれを味わおうとしません。

【解説】

「八正道《はっしょうどう》」は八つの正しい道という仏教の言葉で、「正見《しょうけん》（正しく見る）」「正思惟《しょうしゆい》（正しく思う）」「正語《しょうご》（正しく話す）」「正業《しょうぎょう》（正しく振る舞う）」「正命《しょうみょう》（正しく働く）」「正精進《しょうしょうじん》（正しく努力する）」「正念《しょうねん》（正しく心を集中する）」「正定《しょうじょう》（正しく気づく）」という八つの教えをいいます。

この八正道という道は広く大きいけれども、十の悪い心を持っている人は恐れて近づこうとしないというわけです。

この「十悪《じゅうあく》」とは、「殺生《せっしょう》」「偸盗《ちゅうとう》（盗む）」「邪淫《じゃいん》」「妄語《もうご》（嘘をつく）」「綺語《きご》（心にもないお世辞をいう）」「両舌《りょうぜつ》（二枚舌）」「悪口《あっく》」「貪欲《とんよく》」「瞋恚《しんい》（憎しみの感情を持つ）」「邪見《じゃけん》（愚かな考えを持つ）」のことをいいます。こういう心を持つ人たちは、天下の大道《たいどう》を堂々と歩けないというのです。

八正道という言葉から何か神秘的なものを想像する方もいらっしゃるかもしれません。でも、その内容を見ると、仏教とは意外にも知性とか理性を重んじているものだとわかります。

正しく見たり、話したり、振る舞ったりすることは当たり前といえば当たり前ですけれども、こういう当たり前のことができない人もいます。たとえば、急に怒鳴り出して暴言を吐くような人もいます。あるいは、夜の繁華街で子どもが一人でフラフラしているのに気にかけないというようなこともあるでしょう。こうしたことも八正道からは外れた行いになるのです。

当たり前のことをちゃんと行うには、ボーッとしていてはいけません。前項の解説でブッダの言葉に触れたように、「ブッダ（仏陀）」というと釈迦のことを指すと考える人が多いと思うのですが、昔の仏教では「目覚めた人」を「仏陀」といいました。目覚めているとは、意識がちゃんとしているということです。

また、「無為《むい》の都《みやこ》」の「無為」は、無理のない自然な生き方を指します。老荘思想には老子のいった「無為自然」という言葉があります。

「無為」は楽しいものなのですが、ただ遊んでいるだけの「放逸《ほういつ》の輩《ともがら》」はそこで遊ぶことはできないというのです。欲のない無為自然な生き方を実現するには、ある程度の段階を踏むことが必要なのでしょう。物欲にまみれてやりたい放題している人は、何もしないでゆったりするような心持ちにはなかなかなれないというわけです。

井上陽水《ようすい》さんの「限りない欲望」という歌があります。欲しかった白い靴を母親にねだって買ってもらっていつも履いていたのに町の靴屋さんに飾ってあった青い靴が欲しくなってしまったとか、ずっと好きだった人と教会で結ばれることになったのに指輪をかわす指が見飽きたようで嫌になったとか、死ぬのは当たり前だと思っているけれどもどうせ死ぬなら地獄よりは天国へ行きたいというような面白い歌詞です。欲望というものの深さが感じられて、私は子ども時代に聴いて強烈なインパクトを受けました。

そういう限りない欲望があると、確かに「無為の都」に遊ぶ心境にはなれないだろうなと思います。できうるならば、年をとるごとに欲望をコントロールして、無為自然を楽しむ人生を送れるようになりたいものです。

老《お》いたるを敬《うやま》うは父母《ふぼ》の如《ごと》し。
幼《いとけなき》を愛《あい》するは子弟《してい》の如《ごと》し。
我《われ》他人《たにん》を敬《うやま》えば、
他人《たにん》また我《われ》を敬《うやま》う。
己人《おのれひと》の親《おや》を敬《うやま》えば、
人《ひと》また己《おのれ》が親《おや》を敬《うやま》う。

お年寄りを見かけたら、自分のお父さんお母さんのように敬いなさい。
幼い子どもを見かけたら、我が子や弟妹のようにかわいがりなさい。
自分が他人を敬えば、他人も自分を敬ってくれます。
自分が人の親を敬えば、人もまた自分の親を敬ってくれます。

**【解説】**

お年寄りは自分の父母のように大事にし、幼い子どもは自分の子どもや弟妹と同じようにかわいがりなさいということです。これは家族に限らずにやりなさいということで、自分が他人を大事にすれば他人も自分を大事にしてくれるし、人の親を大事にすれば人がまた自分の親を大事にしてくれる、といっています。

今の時代は自己中心性というものが強くなっていますから、どうしても自分の家族とそれ以外というように分けて考えがちです。しかし、もう少し枠を広げる必要があるのではないかと思うのです。

私は昭和三十五年の生まれですけれども、昭和四十年頃はよく近所の家でご飯を食べていました。私の家でも家族以外の人がご飯を食べに来ていましたし、よく知らない人が庭に入って花見をしていたこともあります。私も近所のおじいさんの家で『のらくろ』を読ませてもらいました。

当時の子どもというのは、その家の子であってもなくても、おじいさんやおばあさんにかわいがられました。遊ぶときも、年齢に関係なく、近所の子どもたちが十人くらい集まって一緒に走り回っていました。おそらく、人間関係が家族という狭い枠だけで区切られていなかったのだろうと思います。

今はそうした枠が小さくなり、文字通りの核家族で、都会では隣の人が何をやっているのかもわかりません。昔が良かったという単純な話ではないのですが、もっと枠を広げて、「自分が他人を大切にすると、他人も自分を大切にしてくれる」という関係を再構築することも大事なのではないかと思います。

「情けは人のためならず」といいます。これは「情けをかけると人のためにならない」という意味ではなくて、「情けをかけるとそれが巡り巡って自分のところに返ってくる」という意味です。世の中は丸くできているという考え方です。

私は大学の授業で学生たちに人を褒める練習をしてもらっています。不思議なのですが、人のことを褒める練習をしていると、自分の気持ちが良くなるのです。最初はちょっと疲れますが、だんだん慣れてくると褒めることが面白くなってきます。そうすると、褒められた人の気分が上がるのはもちろん、褒めている人の気分も上がってくるのです。褒めるというのは、自分の中にあるものを相手にあげるような感じがしますから、こちらが褒めて向こうが褒めてくれないと普通は損をした気分になります。そこで発想を変えて、見返りも求めず、褒めるということ自体を面白いことだと思うように仕向けると、今度は褒めたほうの気分が良くなってくるのです。

だから、褒めて損をしたとは決して思わないことです。むしろ相手を褒めれば褒めるほど、自分が〝褒めの尽きない源泉〟になるのです。世の中は丸くできていて、すべては巡り巡ってくると考えると、気持ちがゆったりとします。

己《おの》が身《み》を達《たっ》せんと欲《ほっ》する者《もの》は、
先《ま》ず他人《たにん》を達《たっ》せしめよ。
他人《たにん》の愁《うれ》いを見《み》ては、
即《すなわ》ち自《みずか》ら共《とも》に患《うれ》うべし。
他人《たにん》の喜《よろこ》びを聞《き》いては、
即《すなわ》ち自《みずか》ら共《とも》に悦《よろこ》ぶべし。

自分が成功したいと思うのなら、
まず他人が成功するように助けてあげなさい。
他人が悲しんでいるのを見たら、
自分も一緒に悲しんであげなさい。
他人が喜んでいるのを聞いたら、
自分も一緒に喜んであげなさい。

**【解説】**

大学の友人で大きな会社の社長になった人がいます。どうして社長になれたのかと聞くと、一緒に仕事をしていた上の人が出世して自分も引き上げてもらったというような言い方をしました。謙虚すぎるのではないかと思ったのですが、考えてみれば、出世するというのは必ず誰かが引き上げてくれるわけです。

一緒に仕事をした先輩が後輩を引き上げるというのはよくあることです。まさに「先《ま》ず他人《たにん》を達《たっ》せしめよ」ということでしょう。人がうまく仕事できるように協力すれば、結果として自分にも利があるということです。

私は今までに百人以上の会社の社長さんとお会いしましたが、明るくて気持ちのいい方ばかりでした。どういうシステムで社長を決めているのかはわかりませんが、威張り散らすような人は一人もいませんでした。今はチームで仕事をしますから、「自分が自分が」という人よりは、チームのために汗をかいて目標達成に貢献できる人が求められます。そういう体験を重ねる中で「次の社長はこの人」という空気ができあがるのかもしれません。

「他人《たにん》の愁《うれ》いを見《み》ては、共《とも》に患《うれ》うべし。喜《よろこ》びを聞《き》いては、共《とも》に悦《よろこ》ぶべし」ということもチームではしばしばあることです。たとえばスポーツではチームメイトが怪《け》我《が》をしたときに、大変なことになったという気持ちを共有しながら、その人のために何ができるかをみんなで考えます。やむなく離脱《りだつ》した選手のユニフォームをベンチに飾って共に戦う気持ちを示すことも、チームスポーツではよく目にします。

これはスポーツに限ったことではありません。仕事でも家族でも、感情を分かち合ってお互いの負担を軽くし、喜びを二倍にするという機会は多いと思います。その中で人を妬《ねた》む気持ちや自己顕示欲を落としていくことが大事なのです。

その一つの方法として、私は、うまく行った人に対して拍手をすることをすすめています。たとえば、四人でグループになってアイディアを出すという課題を学生にやってもらいます。そのときにアイディアが出ない人が不機嫌になるとか落ち込んでしまうということがあります。そういう場合に、自分の内にこもるのではなく、チームの盛り上げ役に徹して、アイディアを出した人に拍手をして褒め称えるようにアドバイスします。すると、一気に場が盛り上がります。

これは六十歳以降の男性にもおすすめです。年をとった男性は、普通にしていても不機嫌そうに見える場合があります。誰かがいいことをしたのを見たら、積極的に「いいねいいね」といって拍手をするようにすると「上機嫌」に見えます。

こうすると相手の自分を見る目も変わりますし、自分自身も晴れ晴れとした気分になります。ぜひ一度試してみてください。

善《ぜん》を見《み》ては速《すみ》やかに行《おこな》え。
悪《あく》を見《み》てはたちまち避《さ》けよ。
善《ぜん》を修《しゅ》する者《もの》は福《ふく》を蒙《こうむ》る。
たとえば響《ひびき》の音《おと》に応《おう》ずるが如《ごと》し。
悪《あく》を好《この》む者《もの》は禍《わざわい》を招《まね》く。
あたかも身《み》に影《かげ》の随《したが》うが如《ごと》し。

人が善い行いをしているのを見たらすぐに真似しなさい。
人が悪い行いをするのを見たらすぐにその場を離れなさい。
善い行いをする人には幸福が訪れます。
それはこだまのようなものです。
悪事を好む者は禍《わざわい》を招きます。
それは自分の身に影がついて回るようなものです。

**【解説】**

「響《ひびき》の音《おと》に応《おう》ずるが如《ごと》し」とは、善を行えばこだまのように福が来るということで、「身《み》に影《かげ》の随《したが》うが如《ごと》し」とは、悪を好むと影のように禍がついてくるということです。

善悪にはいろいろありますが、そこに自分が関わるかどうかが問題です。善い行いをしている人を見たら自分もすぐに手伝うようにすればいいし、この人は悪そうだなと思ったら、「君子危うきに近寄らず」と避けるようにすればいいのです。

とくに悪については最初の違和感が大事です。昨今は詐欺《さぎ》が横行していますが、引っかかった人の半数は「最初はちょっとおかしいと思った」といいます。そのときにいわば「違和感センサー」を働かせて、「こちらからかけ直します」といって電話を切って警察や家族に相談すれば詐欺に引っかかることはないのです。

本来、人生経験が長い人は「この人は怪しい」というセンサーが働きやすいはずですが、現実には高齢者が詐欺のターゲットになっています。人のいい高齢者が多いのか、子どもを名乗る相手から「困っている」といわれれば、「大変だ。なんとかしてあげなきゃ」と思ってしまうのです。

その善意の気持ちを悪用するのがオレオレ詐欺です。しかも、劇場型といって何人かが詐欺チームを組んで、銀行員や弁護士を名乗って次々に電話をかけてくるので、圧倒されて正常な判断ができなくなってしまうのです。そういうときは一人で考えないことです。

そういう意味では、六十歳を過ぎれば、社会をよく知っていて的確なアドバイスをしてくれる信頼できる存在を一人でも持っておくことが大事です。それが弁護士などの専門職の人であれば、よりいいでしょう。

私は何人かで面接試験の面接官をすることがあります。そのときに驚くのは、面接者に対する面接官全員の意見がほとんど一致することです。誰を採用するかということについては、「積極的な人がいい」とか「安定している人がいい」といったように、いろいろな意見が出ますが、面接者に対する評価や認識はほとんどずれません。人の目はそんなに違わないものなのです。

主観的に考えているはずなのに、案外、客観性がある。これをフッサールは〝間主観性〟と呼びました。あるいは〝共同主観性〟といいます。主観と主観の間に共通のものがあって、誰がどう見てもこう見えるというものがあるわけです。完全な客観性はないけれども、おおよそこうだといえるということです。

裁判員制度などでも、議論をしているうちに「ここまでは共通認識と考えていいのではないか」というものが出てくるのでしょう。

長い人生を生きていると、案外、善悪の判断には共通するものがあるということです。

富《と》むといえども
貧《まず》しきを忘《わす》るることなかれ。
貴《たっと》しといえども
賤《いや》しきを忘《わす》るることなかれ。
あるいは始《はじ》めは富《と》みて終《おわ》り貧《まず》しく、
あるいは先《さき》に貴《たっと》くして後《のち》に賤《いや》し。

お金持ちになったとしても、
貧しかったときのことを忘れないようにしなさい。
立派な人になったとしても、
何が賤《いや》しいことなのかを忘れてはいけません。
最初は富んでいたのに、最後には貧しくなってしまう人もいるし、
初めは立派だったのに、のちに賤しくなってしまう人もいます。

**【解説】**

お金持ちになったとしても貧しかったときのことを忘れない。同様に、人格的に立派になっても何が賤《いや》しいことなのかを忘れない。要するに、自分が貧しく賤しかった頃のことを忘れるなと注意しているのでしょう。

それに加えて、今現在、貧しい人たちや賤しい人たちがいることも忘れてはいけないという意味もあるかもしれません。最初は富んでいたけれども最後は貧しくなってしまうこともあるし、初めは立派だったのに後に賤しくなってしまうこともあ

るからです。常に学び続けないとそうなってしまいますよ、といっているのでしょう。

世阿弥《ぜあみ》に「時々の初心忘るべからず」「是非の初心忘るべからず」という言葉があります。まだ上手ではなかったときのことを忘れない、下手だったときのことを忘れないということです。自分が富んだり立派な地位に上ると、昔のことを忘れてしまうことがあります。しかし、そこで満足せずに、うまくできなかった頃のことを忘れずに努力し続けなければいけないと世阿弥は考えたのです。

また「時々の初心を忘れない」というのは、段階ごとに初心があることを教えています。一段階レベルが上がって新しいステップを踏めば、そこではまた自分が一番未熟なのです。だから、最初の緊張感とか真摯《しんし》な学ぶ気持ちを忘れずに一所懸命努力しなければいけない。

つまり、いつでも常にそのときが初心なのです。上手になってもそこが到達点だと思って満足するのではなくて、学び続けなければならないのです。

裕福な人が貧しくなるとか立派な人が賤しくなってしまうのは、そういう初心を忘れてしまうからだといってもいいでしょう。

私はイベントで子どもたちと会うことがあります。そのときに将来の夢ややってみたい仕事を聞きます。すると、今であれば「薬剤師になって世の中の人のためになりたい」というような答えが返ってきます。『薬屋のひとりごと』という漫画がアニメ化されて人気になっていて、そういう漫画を読んだりアニメを観て影響を受けているようです。

子どもの頃はみんな素直で、誰でも「世の中に役に立つ人になりたい」「世の中のためになる仕事がしたい」という立派な志を持ちます。ところが残念なことに、大人になるにしたがって世の垢《あか》にまみれて志を失っていくことも多々あります。

サン＝テグジュペリの『星の王子さま』の冒頭に「おとなは、だれも、はじめは子どもだった（しかし、そのことを忘れずにいるおとなは、いくらもいない。）」という言葉が出てきますが、人間というのは子ども時代に立派な志を持っていても、そのまま立派になっていくとは限らないということでしょう。

大学生を教えていると、この年代の人たちは心が柔らかくて、素直で、やる気があっていいなと思います。しかし、そこから学び続けないと、大人になって精神的に貧しくなったり人格的に賤しくなったりすることもあるのです。

そういう意味では、道徳的には子どものほうが大人より優れているといえるかもしれません。子どもを見て自らの戒めとしなければならないこともあるのではないでしょうか。

## ――読み書きの能力は一生の財産になる――

それ習《なら》い難《がた》く忘《わす》れ易《やす》きは、
音声《おんじょう》の浮才《ふさい》。
また学《まな》び易《やす》く忘《わす》れ難《がた》きは、
書筆《しょひつ》の博芸《はくげい》。

音楽やダンスは習うのが難しいけれど忘れやすいものです。
また読み書きは学ぶのが簡単で忘れにくいものです。

【解説】

「音声《おんじょう》」というのは音楽やダンスなどのことで、「書筆《しょひつ》」というのは読み書きのことを指しています。音楽やダンスは習うのが難しいけれど忘れやすいのに対して、読み書きは習うのが容易で忘れにくいといっています。

音楽やダンスもちゃんと習うと忘れないものですが、ここでは「音声」よりも「書筆」を重んじています。楽器を奏でたり歌ったり踊ったりすることは、「浮才《ふさい》」とあるように、当時の人には浮ついたものに見えたのかもしれません。今の時代は、音楽はもちろんダンスも体育の中に取り入れられていますから、この言葉も少し違ってくるように感じます。

孔子は音楽を好みました。『論語』にも、孔子が音楽をたしなんでいたことが書かれています。昔、音楽は儀式の一部でした。孔子は、古来の礼とはどういうものかと研究して、礼があるから秩序が保たれると考えました。荒れた世の中を治めるには礼が大事で、その礼の中に儀式があり、儀式では音楽も大事だと考えたのです。

また、音楽は楽しみでもあるというので、非常に大事にしました。そう考えると、音声も「博芸《はくげい》」に入るといってもいいかもしれません。

とはいえ、読み書きが大事なのは明らかです。本を読むというのは当たり前のようですけれど、それができるというのはずいぶん人間らしいことなのです。本を読んで興奮できるというのは素晴らしいことです。

まだ若い頃に、生きているうちにやることがなくなって退屈したら嫌だなと思ったことがあります。そしてあるとき、本が好きだと退屈することはないだろうなと気づきました。世の中には面白い本が読み切れないほどあるからです。以来、現在に至るまで本を読み続けて、退屈することがありません。

読み書きをしっかり身につけていれば、たとえば年をとってからでも、散歩をして図書館に行って、本を読んで帰ってくるという生活もできます。これを習慣にしてしまえば、散歩と読書がセットでできて、しかもお金もかからないのですから、七十代、八十代になっても充実した日々が送れるでしょう。

お金をかけずに体力と知力を高めて帰ってくるというのは素晴らしい日常です。読み書きは一生の玉磨きと考えればいいと思います。

ただし食有《しょくあ》れば法有《ほうあ》り。
また身有《みあ》れば命有《いのちあ》り。
なお農業《のうぎょう》を忘《わす》れず。
必《かなら》ず学文《がくもん》を廃《はい》することなかれ。
かるが故《ゆえ》に末代《まつだい》の学者《がくしゃ》、
先《ま》ず此《こ》の書《しょ》を案《あん》ずべし。
これ学問《がくもん》の始《はじ》め、
身終《みおわ》るまで忘失《ぼうしつ》することなかれ。

（書筆は大事ですが）、ただし食べ物があればそこに智恵があります。
また体があればそこに命があります。
だから、食べ物を作る農業を忘れてはいけません。
命を養う学問もやめてはいけません。
学ぼうとする人は、どんな時代であってもまずこの書を読むことです。
これが学びの第一歩になります。
一生を終えるまで、学ぶことを忘れてはいけません。

**【解説】**

学問することは命を養うことだといっています。「食有《しょくあ》れば法有《ほうあ》り」の「法」とは、釈迦が菩提樹《ぼだいじゅ》の下に坐って悟り得た智恵を指しています。私たちは霞《かすみ》を食べて生きているわけではありません。ちゃんとした食を得て、そこに智恵が生まれるのです。

六年間も苦行を続けたにもかかわらず悟れなかった釈迦に、スジャータという女性が乳がゆを差し上げたという話があります。苦行ばかりでは悟れないと思った釈迦は、その乳がゆを食べて傷んだ心身を回復させ、菩提樹の下で悟りを開くのです。食があって釈迦の悟りがあったのです。そして、この身があってこそ命が輝くのです。

だから、食べ物を作る農業は大事なのです。食育という言葉があるように、今は何を食べるかが大事です。

私は大雑把な性格なのであまり気にせずいろいろなものを食べますけれど、テニスプレーヤーのジョコビッチ選手のようにグルテンを一切食べないことによって最高のパフォーマンスを維持しているという人もいます。体調を保つために、食は何にも代えられない大きな役割を果たします。

では、命や魂にとって何が大事なのかといえば、それは学問です。学問をすることが命を養うことにもなるのです。つまり、自分に合ったものを食べることによって身を整え、読書や勉強をして教養を得て心を整えていく。この両輪で体の健康も心の健康も保てるということです。その基本を大事にすれば、人生もそんなに難しくはなく、大過なくやっていけるということだと思います。

そのために、学問をする人はこの『実語教』から始めなさいといっています。それが学びの第一歩であり、ここからはじめて一生学び続けなさいというのです。『実語教』はそれほど難しい内容ではありません。長さも毎日音読できるほどの分量です。だから何度も音読して、それを技として体に刻み込めばいいと思います。福沢諭吉が『学問のすゝめ』の冒頭で「実語教に、人学ばざれば智なし、智なき者は愚人《ぐじん》なりとあり。されば賢人と愚人との別は学ぶと学ばざるとによりて出来るものなり」と書いたように、当時の人にとって『実語教』を読むことは常識だったのでしょう。

「身終《みおわ》るまで忘失《ぼうしつ》することなかれ」とあるように、『実語教』は学問の発端であり、最終地点でもあります。それは最初であり最後なのです。ギリシャ語でいえば、アルファでありオメガです。

だから、どんな時代になっても『実語教』を読んで学ぶ心構えを整えなさいというのです。心構えを整えることは学問の基本です。相撲ならば四股《しこ》を踏むようなものです。入門して最初にやる四股は、横綱になってもやる基本中の基本です。それに倣っていうならば、学問にとっての基本は、学ぶ心を整えるということになります。

学ぶ気持ち次第で結果に大きな差が出てきます。たとえば書道をするのに寝転がりながら字を書く人はいません。姿勢が斜めになっていると書く文字が斜めになります。だから、まず姿勢を整え、筆の持ち方を整えます。学問にとって、その姿勢を整えるためのものが『実語教』なのです。

これから先いろいろなことを学んでいくために、まず『実語教』によって学ぶ心構えをつくりましょうということです。そして、学ぶことで人生の背骨を立てて、一生が終わるまでそれを忘れることがなきようにしましょう、といっているのです。最近、「学び直し」「リカレント教育」という言葉をよく耳にします。学校を卒業したら学ぶのはおしまいというのではなくて、時代の変化に対応しつつ、常に学び続ける大切さが唱えられるようになっています。

その意味では、六十歳になり還暦を迎え、時間のゆとりができたところで、この『実語教』を読んで、もう一度学ぶ構えを整えてみてはいかがでしょうか。六十から学びはじめて、これから先の二十年三十年を心身ともに健やかに過ごすことを目標にするのは良き人生なのではないかと思います。

―『実語教』素読用読み下し文―

山高《やまたか》きが故《ゆえ》に貴《たっと》からず。樹《き》有《あ》るを以《もっ》て貴《たっと》しとす。

人肥《ひとこえ》たるが故《ゆえ》に貴《たっと》からず。智《ち》有《あ》るを以《もっ》て貴《たっと》しとす。

富《とみ》は是一生《これいっしょう》の財《たから》、身滅《みめっ》すれば即《すなわ》ち共《とも》に滅《めっ》す。

智《ち》は是万代《こればんだい》の財《たから》、命終《いのちおわ》れば即《すなわ》ち随《したが》って行《ゆ》く。

玉磨《たまみが》かざれば光無《ひかりな》し。光無《ひかりな》きを石瓦《いしかわら》とす。

人学《ひとまな》ばざれば智無《ちな》し。智無《ちな》きを愚人《ぐじん》とす。

倉《くら》の内《うち》の財《ざい》は朽《く》つること有《あ》り。

身《み》の内《うち》の才《さい》は朽《く》つること無《な》し。

千両《せんりょう》の金《こがね》を積《つ》むといえども、一日《いちにち》の学《がく》にはしかず。

兄弟《きょうだい》常《つね》に合《あ》わず。慈悲《じひ》を兄弟《きょうだい》とす。

財物《ざいもつ》永《なが》く存《そん》せず。才智《さいち》を財物《ざいもつ》とす。

四大《しだい》日々《ひび》に衰《おとろ》え、心神《しんじん》夜々《やや》に暗《くら》し。

幼《いとけな》き時《とき》勤学《きんがく》せざれば、老《お》いて後《のち》恨《うら》み悔《く》ゆといえども、

尚益《なおえき》する所《ところ》有《あ》ること無《な》し。

かるが故《ゆえ》に書《しょ》を読《よ》んで倦《う》むことなかれ。

学文《がくもん》に怠《おこた》る時《とき》なかれ。

眠《ねむ》りを除《のぞ》いて通夜《つうや》に誦《じゅ》せよ。飢《うえ》を忍《しの》んで終日《ひめ(ね)もす》習《なら》え。

師《し》に会《あ》うといえども学《まな》ばざれば、
徒《いたずら》に市人《いちびと》に向《むか》うが如《ごと》し。
習《なら》い読《よ》むといえども復《ふく》せざれば、
只隣《ただとなり》の財《たから》を計《かぞ》うるが如《ごと》し。
君子《くんし》は智者《ちしゃ》を愛《あい》し、小人《しょうじん》は福人《ふくじん》を愛《あい》す。
富貴《ふうき》の家《いえ》に入《い》るといえども、財無《ざいな》き人《ひと》の為《ため》には、
なお霜《しも》の下《した》の花《はな》の如《ごと》し。
貧賤《ひんせん》の門《かど》を出《い》ずるといえども、智有《ちあ》る人《ひと》の為《ため》には、
あたかも泥中《でいちゅう》の蓮《はちす》の如《ごと》し。

父母《ふぼ》は天地《てんち》の如《ごと》く、師君《しくん》は日月《じつげつ》の如《ごと》し。
親族《しんぞく》はたとえば葦《あし》の如《ごと》し。夫妻《ふさい》はなお瓦《かわら》の如《ごと》し。
父母《ふぼ》には朝夕《ちょうせき》に孝《こう》せよ。師君《しくん》には昼夜《ちゅうや》に仕《つか》えよ。
友《とも》と交《まじわ》りて争《あらそ》う事《こと》なかれ。
己《おのれ》より兄《けい》には礼敬《れいけい》を尽《つ》くし、
己《おのれ》より弟《てい》には愛顧《あいこ》を致《いた》せ。
人《ひと》として智無《ちな》き者《もの》は、木石《ぼくせき》に異《こと》ならず。
人《ひと》として孝無《こうな》き者《もの》は、畜生《ちくしょう》に異《こと》ならず。
三学《さんがく》の友《とも》に交《まじわ》らずんば、何《なん》ぞ七覚《しちがく》の林《はやし》に遊《あそ》ばん。

四等《しとう》の船《ふね》に乗《の》らずんば、誰《たれ》か八苦《はっく》の海《うみ》を渡《わた》らん。

八正道《はっしょうどう》は広《ひろ》しといえども、十悪《じゅうあく》の人《ひと》は往《ゆ》かず。

無為《むい》の都《みやこ》は楽《たの》しむといえども、放逸《ほういつ》の輩《ともがら》は遊《あそ》ばず。

老《お》いたるを敬《うやま》うは父母《ふぼ》の如《ごと》し。

幼《いとけなき》を愛《あい》するは子弟《してい》の如《ごと》し。

我《われ》他人《たにん》を敬《うやま》えば、他人《たにん》また我《われ》を敬《うやま》う。

己人《おのれひと》の親《おや》を敬《うやま》えば、人《ひと》また己《おのれ》が親《おや》を敬《うやま》う。

己《おのれ》が身《み》を達《たっ》せんと欲《ほっ》する者《もの》は、

先《ま》ず他人《たにん》を達《たっ》せしめよ。

他人《たにん》の愁《うれ》いを見《み》ては、即《すなわ》ち自《みずか》ら共《とも》に患《うれ》うべし。
他人《たにん》の喜《よろこ》びを聞《き》いては、即《すなわ》ち自《みずか》ら共《とも》に悦《よろこ》ぶべし。
善《ぜん》を見《み》ては速《すみ》やかに行《おこな》え。
悪《あく》を見《み》てはたちまち避《さ》けよ。
善《ぜん》を修《しゅ》する者《もの》は福《ふく》を蒙《こうむ》る。
たとえば響《ひびき》の音《おと》に応《おう》ずるが如《ごと》し。
悪《あく》を好《この》む者《もの》は禍《わざわい》を招《まね》く。
あたかも身《み》に影《かげ》の随《したが》うが如《ごと》し。
富《と》むといえども貧《まず》しきを忘《わす》るることなかれ。

貴《たっと》しといえども賤《いや》しきを忘《わす》るることなかれ。
あるいは始《はじ》めは富《と》みて終《おわ》り貧《まず》しく、
あるいは先《さき》に貴《たっと》くして後《のち》に賤《いや》し。
それ習《なら》い難《がた》く忘《わす》れ易《やす》きは、音声《おんじょう》の浮才《ふさい》。
また学《まな》び易《やす》く忘《わす》れ難《がた》きは、書筆《しょひつ》の博芸《はくげい》。
ただし食《しょく》有《あ》れば法《ほう》有《あ》り、また身《み》有《あ》れば命《いのち》有《あ》り。
なお農業《のうぎょう》を忘《わす》れず。必《かなら》ず学文《がくもん》を廃《はい》することなかれ。
かるが故《ゆえ》に末代《まつだい》の学者《がくしゃ》、先《ま》ず此《こ》の書《しょ》を案《あん》ずべし。
これ学問《がくもん》の始《はじ》め、身終《みおわ》るまで忘失《ぼうしつ》することなかれ。

## 〔原文〕

山高故不貴　以有樹為貴
人肥故不貴　以有智為貴
富是一生財　身滅即共滅
智是萬代財　命終即随行
玉不磨無光　無光為石瓦
人不学無智　無智為愚人
倉内財有朽　身内才無朽
雖積千両金　不如一日学
兄弟常不合　慈悲為兄弟
財物永不存　才智為財物
四大日々衰　心神夜々暗
幼時不勤学　老後雖恨悔
尚無有所益
故読書勿倦　学文勿怠時
徐眠通夜誦　忍飢終日習
雖會師不学　徒如向市人
雖習読不復　只如計隣財
君子愛智者　小人愛福人
雖入富貴家　為無財人者
猶如霜下花
雖出貧賤門　為有智人者
宛如泥中蓮
父母如天地　師君如日月
親族譬如葦　夫妻猶如瓦
父母孝朝夕　師君仕昼夜

交友勿諍事
己兄尽礼敬　己弟致愛顧
人而無智者　不異於木石
人而無孝者　不異於畜生
不交三学友　何遊七覚林
不乗四等船　誰渡八苦海
八正道雖広　十悪人不往
無為都雖楽　放逸輩不遊
敬老如父母　愛幼如子弟
我敬於他人　他人亦敬我
己敬人之親　人亦敬己親
欲達己身者　先令達他人
見他人之愁　即自共可患

聞他人之喜　即自共可悦
見善者速行　見悪者忽避
修善者蒙福　譬如響應音
好悪者招禍　宛如随身影
雖富勿忘貧　雖貴勿忘賤
或始富終貧　或先貴後賤
夫難習易忘　音聲之浮才
又易学難忘　書筆之博藝
但有食有法　亦有身有命
猶不忘農業　必莫廃学文
故末代学者　先可案此書
是学問之始　身終勿忘失

# 第二部

# 『童子教』

# 『童子教』とは何か？——生き方の基本を説く人生の教科書

『童子教《どうじきょう》』は鎌倉末期に生まれて明治の初期まで使われた子どものための教訓書です。仏教の教えを中心に、『論語』や『詩経《しきょう》』といった儒教の経典にある言葉を引用しながら、礼儀作法、言葉の使い方、教師への敬意、父母への孝養といった、この世の中を生きる基本的な考え方をまとめています。

また、この世の無常を感じ、来世を願い求めるといった、当時の人々が影響を受けていた仏教的な思想を教え説く内容も含まれています。作者は不明ですが、平安前期の天台宗の僧侶安然《あんねん》の作とする説があるようです。現在のところ、最古の版としては南北朝時代の天授三（一三七七）年の書写版が確認されているとのことです。

この『童子教』は『実語教』とともに江戸時代の寺子屋でテキストとして使用され、そこから一般に広まることになりました。『実語教』が小学校低学年向けに人間の基本的な生き方を伝えるものであったとすると、『童子教』はもう少しレベルを上げて、高学年向けの人生の教科書といった内容になっています。

『童子教』の特徴は、「この世で人格を練り上げて来世につなげる」という大きな流れにそって、一生を悔いなく過ごしていくために必要な智恵を伝えようとしているところにあります。『童子教』が広く学ばれた江戸時代は封建社会で、今のような民主的な社会ではありませんから、その教えは現代の子どもにとっては厳しすぎると感じる部分もあるかもしれません。しかし、親への感謝や教師への敬意、人づきあいのルール、学問の奨励、生き物を慈しむといった教えは、どのような社会でも大事な考え方といえるでしょう。

現代でも、こうした基本的な考え方が身についていないがゆえに起こっているとしか考えられないトラブルが起きています。たとえば、詐欺《さぎ》グループによる強盗事件やあおり運転による死亡事故、モラハラやカスハラといわれる問題にしても、根本的な人間性の低下が原因であるように思えます。

そう考えると、『童子教』の教えは年齢も性別も住む世界も問わない普遍性を持っているといえるでしょう。ぜひ大人の方たちにもご一読いただき、人間はどう生きるべきなのかを再確認し、自らの生き方と照らし合わせていただきたいと思います。

夫《そ》れ貴人《きに（じ）ん》の前《まえ》に居《い》ては
顕露《けんろ》に立《た》つことを得《え》ず
道路《どうろ》に遇《お》うては跪《ひざまず》いて過《す》ぎよ
召《め》す事《こと》有《あ》らば敬《うやま》って承《うけたまわ》れ

偉い人の前では目立つ立ち振る舞いをしないようにしなさい。
道で会ったら跪いて通り過ぎるのを待ちなさい。
用事を申しつけられたら礼を尽くして承りなさい。

【解説】

「貴人」は〝キジン〟と読んでも間違いないのですが、古い解説書を見ると〝キニン〟とルビが振ってあります。その「貴人」とは、一般的に「偉い人」という意味ですけれども、父や兄あるいは主君・師匠などもここに含まれます。

そういう人たちの前では、目立つ立ち振る舞いをしないで慎みなさいといっています。また、道で会ったときには跪いて首《こうべ》を垂れて通り過ぎるのを待ちなさい、用事を承ったら礼儀を尽くして聞きなさいともいっています。

これらは人間にとっての礼の大事さを教えています。礼儀がしっかりしていると世の中で生きやすいのです。私は就職試験に臨む学生や新社会人に「とにかく大きい声で挨拶をしなさい。礼儀をちゃんとしておけば嫌われないから」とアドバイスします。小学校一年生を諭すような内容ですが、社会人一年生にもそれが改めて大事だなと日々感じています。

この礼の概念は孔子が整理しました。作家の宮城谷昌光《みやぎたにまさみつ》さんが『孔丘《こうきゅう》』という本を書かれています。「丘《きゅう》」とは孔子の名前です。この本には、孔子が礼をどれほど重視したかが物語として面白く描かれています。乱世になると、下の者が上の者の位を奪おうとするなどして秩序が乱れます。そうした世を治めるには、礼を継承することが大事だと孔子は考えました。孔子は礼のあり方を古代王朝に求め、葬儀をはじめ儀式のときにはどうするべきかと研究しました。

儒家の特徴でもありますが、孔子自身も葬儀の専門家みたいなところがありました。孔子は儀式における礼のあり方を通して世の中の秩序を保とうとしました。階級社会にあってさまざまな制度や関係を維持し続けるには、礼が非常に大事なのです。たとえば、高貴な人が来たときにどのようにもてなすのか、といったことが厳格なルールとして定められていたと考えられます。おそらく今でも皇室には、私たちが知らないようなルールがたくさんあるのではないでしょうか。そうした礼を学ぶために、多くの人が孔子のもとに集まったのです。

この教えを現代に沿って読み直すとすれば、親や先生に対してきちんと接しなさいということになるでしょう。それを教えないと、先生を先生と思わないような生徒が出てきて学級崩壊のような事態になるのです。

先生に向かって「もっと面白い授業をしろ」といって生徒が暴れている映像をSNSで見たことがありますが、先生に対する尊敬がない生徒を教えるのは非常に難しいことです。

ここでいわれているように、先生の指示をちゃんと聞きなさいということも、先生に対する大事な礼の一つです。もちろん、生徒が先生に礼を尽くすだけではなく、先生も生徒に対して礼儀正しく接しなければいけません。お互いに相手を慮ることが必要なのです。

——礼を大事にすると人間関係は楽になる——

両《りょう》の手《て》を胸《むね》に当《あ》てて向《む》かえ
慎《つつし》んで左右《さゆう》を顧《かえり》みず
問《と》わずんば答《こた》えず
仰《おお》せ有《あ》らば謹《つつし》しんで聞《き》け
三宝《さんぽう》には三礼《さんれい》を尽《つ》くせ
神明《しんめい》には再拝《さいはい》を致《いた》せ
人間《にんげん》には一礼《いちれい》を成《な》せ
師君《しくん》には頂戴《ちょうだい》すべし

両手は胸に当てて対面しなさい。
慎み深い態度で、キョロキョロせず、
質問されなければ答える必要はありません。
お話はうやうやしい態度で聞きなさい。
仏教の三つの宝（仏・法・僧）には三度礼をして敬意を表しなさい。
神社では神様に敬意を表すために二度の礼を忘れてはいけません。
知り合いに会ったら一度頭を下げなさい。
師匠や主君には丁重にお辞儀をしなさい。

**【解説】**

前項に引き続き、ここでも人と接するときの態度を教えています。「慎み深くして、キョロキョロしない」などは当たり前と思うかもしれません。最近は授業中にスマホをいじっている学生もいますから、「両の手を胸に当てて向かえ」とか「慎んで左右を顧みず」というようなことは改めて教える必要があるかもしれません。

授業や講演をしているときにそういう人を見ると集中できないこともあるでしょう。ネットニュースになっていましたが、あるミュージシャンがコンサート中に観客がスマホを見ているのを注意していました。急ぎの用事があったのかもしれませんが、演奏中にそれをされるとパフォーマンスする側の集中力が乱れることは確かにあるでしょう。ましてや、呼び出し音が鳴り出すと完全に集中力が切れてしまうと講談の神田伯山《はくざん》さんもいっておられました。

この『童子教』が教えている聞くときの姿勢は、今もなお通用する大事なことだと思います。

次の「三宝《さんぽう》」は「仏（お釈迦様）・法（カルマ＝教え）・僧（お坊さん）」のことですが、これらには三度礼をするのが礼儀になっている、とあります。また、神明つまり神様には二度の礼をするのがルールで、知り合いには一礼でいいといっています。また、師匠や主君に対しては「頂戴すべし」とあります。頂戴するとは頭にいただくことで、それくらい丁重にお辞儀をして敬意を表しなさいというのです。

尊敬の気持ちを持っていると先生の言葉を一言も聞き漏らすまいとしますから、

学びも深くなります。『ゲーテとの対話』を書いたエッカーマンは、録音機器がない時代ですから、ゲーテの話を一言も聞き漏らすまいと必死になって記憶して文章にしました。それを読むと、ゲーテがそのまま生きているのではないかと思うほど生き生きとしています。同時に、エッカーマンがゲーテの口から出てくるすべてのことを吸収しようとしていた様子も伝わってきます。

日本では授業の前に「起立、礼、着席」というようにして、先生への敬意を表す伝統があります。これは西洋にはあまりない制度です。あるいは武道でも、まず礼をして相手に対するリスペクトを示します。礼なくして武道は成立しないといってもいいでしょう。実際に、ある剣道の試合でガッツポーズをしたら一本が取り消されたというケースもあります。勝ち負けよりも礼が大事だという考えがあるのです。

もちろん現代では、形式的な礼が行き過ぎて、自由が制限される面には気をつけなければいけませんが、こうした礼があると人間関係の距離感がうまくとれて、お互いに楽に接することができるようになるという利点もあります。

墓《はか》を過《す》ぐる時《とき》は則《すなわ》ち慎《つつし》め
社《やしろ》を過《す》ぐる時《とき》は則《すなわ》ち下《お》りよ
堂塔《どうとう》の前《まえ》に向《む》かって不浄《ふじょう》を行《おこな》うべからず
聖教《しょうぎょう》の上《うえ》に向《む》かって無礼《ぶれい》を致《いた》すべからず

墓の前を通り過ぎるときには慎ましくしなさい。
神社の前を通り過ぎるときには馬などの乗物から下りなさい。
寺の堂塔の前で不浄な行いをしてはいけません。
尊い教えが説かれているときは無礼にならないようにしなさい。

**【解説】**

ここにある「堂塔」とは、仏教のお堂や塔のことです。お堂は仏像が安置され、礼拝が行われます。塔はもともと仏陀が荼毘《だび》に付された（火葬された）後に残った仏舎利、つまり遺灰や棺や祭壇の灰燼《かいじん》を祀《まつ》るためにつくられました（釈迦自身は死後、骨などを祀らないよう遺言しましたが）。

これらの場所では「不浄」を行ってはならないとされてきました。「不浄」とは「清くないこと」で、喧嘩をしたり、大声で笑ったり歌ったり、犬を散歩させて糞《ふん》をさせたりといったことが不浄なことに当たります。

また「聖教」とは、釈迦などの尊い教えを指します。

ここでは、お墓や神社を含めて、堂塔、聖教といった神聖なものに対しては慎んで礼を尽くしなさいといっているのです。

たとえば、昔であれば馬に乗って神社の前を過ぎるときは下りるのが礼儀でした。今でも鳥居をくぐるときに一礼をしてから通る人を見かけます。神聖なものに対しては、神聖な迎え方をしましょうということです。その構え自体が心を整えることになるわけです。

そのように「礼をしないで鳥居はくぐらない」とか「お墓の前では変なことはできない」というようなことを心の習慣として積み重ねると、神聖な場所を訪れたときにその心の状態を蘇らせることができます。神聖な場所で神聖な気持ちになるというのも習慣の問題なのです。

沖縄ではお墓に親族が集まって食べたり飲んだりして盛り上がるそうです。『童子教』の教えに従えば、お墓の前で騒ぐのは不浄であり、良くないということになりますが、その様子は風景として見るとなかなか面白いもので、それはそれでいいのではないかと感じます。決して不浄なことではなくて、亡くなったご先祖様と一緒に盛り上がるということが供養の一つの形になっていて、その習慣として大切にしているということでしょう。

その意味では、神聖な場所で神聖な気持ちになるということと通じ合うところがあるといえると思います。

南太平洋にあるサモア島に行ったとき、家の前の庭にお墓があるのを見ました。日本ではありえないことですが、それぞれの場所によってそれぞれの風習があるということでしょう。

ここでいっているのは、そういう神聖な場所で気持ちを整えるという時間のあり方が大事だということです。

## 大人には暗黙のルールを感じ取る力が求められる

人倫《じんりん》礼《れい》有《あ》れば
朝廷《ちょうてい》必《かなら》ず法《ほう》有《あ》り
人《ひと》にして礼《れい》無《な》き者《もの》は
衆中《しゅちゅう》又《また》過《とが》有《あ》り

人づきあいに礼儀があるように、
朝廷にも必ずルールがあります。
礼儀を知らない人は、
普段の人づきあいでも間違いをおかすものです。

【解説】

「朝廷《ちょうてい》」は天皇を中心とした政治の場所です。そこにもその集団のルールや礼儀があるといっています。こういうルールや礼儀がわかっていない人は、普段の生活の中でも失敗してしまうというのです。

ただ、礼儀ができてくるプロセスというものがあります。携帯電話が普及しはじめた頃に電車の中で話している男性を目撃しました。その人は四十代ぐらいで、ちょっと酔っ払った感じでした。女性に電話をして口説《くど》こうとしていたようですが、もう身も蓋《ふた》もないという感じで瞬時に断られていました。すると、また別の人に電話をかけて同じセリフで誘おうとするのですが、また断られてしまいました。うるさくはありましたが、正直面白かったです。注意をする人は誰もいませんでした。

しかし、そのうちに車内で携帯電話を使って話すのは迷惑だという声が大きくなってきて、電車内では携帯電話で話さないというルールができあがりました。でも、ヨーロッパなどに行くと今でも平気で話しています。だから、電車では携帯電話・

スマホで話さないというのは日本のルールなのです。

そのルールのおかげで日本の電車の中は静かなのですが、駅に着くと各種アナウンスが大音量で鳴り響いていたり、電車が発車するときに音楽が流れたりしています。それについてはとくに異議が申し立てられているふうでもありません。

つまり、これらは日本人の暗黙の了解によってできたルールなのです。


まだ出始めのときはよくわからなかったことが、その国ごとにだんだんルールになっていく。そのプロセスは面白いと思います。「郷に入っては郷に従え」というように、それぞれの国のルールというものがあるのです。

たとえば、コロナ禍《か》のマスク着用もそうです。二〇二三年にヨーロッパに行きましたが、ほとんど誰もマスクをしていませんでした。日本ではまだ多くの人がマスクをしていましたから、ずいぶん違うなと思いました。

マスク着用はルール化されていたわけではありませんが、そういう習慣の違いというものもあります。

子どもと大人の違いは、大人になるとある場所に行ったときに、「ここではこれが暗黙のルールになっている」と瞬時に理解できることです。すべて教えてもらわなくてもわかるというのが大人の勘というものです。

その大人としての礼儀は、普通にいう礼儀作法とは違います。暗黙のルールをいかにして瞬時に嗅《か》ぎ取るか——それが大人の礼儀、社会人としての力というものだと思います。

衆《しゅ》に交《まじ》わりて雑言《ぞうごん》せず
事畢《ことおわ》らば速《すみ》やかに避《さ》けよ
事《こと》に触《ふ》れて朋《とも》に違《たが》わず
言語《げんご》離《はな》るることを得《え》ず
語多《ことばおお》き者《もの》は品少《しなすく》なし
老《お》いたる狗《いぬ》の友《とも》を吠《ほ》ゆるが如《ごと》し

たくさんの人と交わるときは無駄話をせず、
用事が済んだらすぐに退散しなさい。
反対意見を言って友達と喧嘩しないようにしなさい。
心にない適当なことは言わないようにしなさい。
おしゃべりは品がありません。
まるで老犬が顔見知りの犬に吠えかかるようなものです。

**【解説】**

ここでは「あまりたくさんのことをしゃべると失敗しますよ」という注意をしています。「大勢の人のいるところでは無駄話はせずに用が済んだらさっさと退散しなさい」とか「ちょっとしたことに対立意見を言って友達と喧嘩をしないように」とか「心に思ってもいないことを適当に話さないように」というのは、そうした失敗を避けるためのアドバイスと考えていいでしょう。

これを聞けば「そうだな」と思う人が多いでしょう。でも、中には「そこまで気を使わなくてもいいんじゃない？　思うことを自由にしゃべればいいじゃないか」という人もいるかもしれません。

しかし、それが危ないことは今のSNSの世界を考えてみるとよくわかるでしょう。「朱《しゅ》に交われば赤くなる」といいますが、この交わって赤くなる可能性のある人がSNSでは何千万、何億といるのです。日本語で発信するとしても、少なくとも何万人かの人に向かって発信しているという自覚を持たなければいけません。たとえば、会議で決まったことを何気なく外部に漏らしてしまったり、大学入試の監督をしていて「こんな受験生がいた」みたいなことをSNSに書いてしまったりすると炎上《えんじょう》して一大事になります。

あまり深く考えずに不用意な発信をしてしまうと、とんでもない事態が起こりうるのが今の時代です。だから、言葉の多い人はそういう失敗も多くなりやすいということなのです。これを「老《お》いたる狗《いぬ》の友《とも》を吠《ほ》ゆるが如《ごと》し」と表現しているのは面白いと思います。泥棒が入ってきたときに一声ワンと吠えるのが良い犬だとしますと、この老犬は誰かが来ると始終吠えているわけですから、肝心なときに役に立たないということになりかねません。

　ＳＮＳで一日に何十、何百と発信している人もこれと同じで、あれこれ構わず発信しているうちに失敗してしまうのです。会社を休んで遊びに行って、その様子を逐一インスタグラムにあげていたところ会社の人に知られて顰蹙《ひんしゅく》を買ってしまったというような人もいるようです。これではなんのために発信しているのかわかりません。


「事《こと》に触《ふ》れて朋《とも》に違《たが》わず」というのは、友達に対して相手の気持ちに逆らうような発言をして喧嘩をしないようにしなさいということです。「でも」というのが口癖になっている人がいますが、そういう言い方は抑えていくほうが友達との関係はうまくいくでしょう。

「事畢《ことおわ》らば速《すみ》やかに避《さ》けよ」とは用事が終わったらさっさと帰りなさいということです。互いに急いでいたり時間がない場合もありますから、無駄話をして引き留めてはいけないということです。これは今でも通用するアドバイスでしょう。

懈怠《けたい》する者《もの》は食《しょく》を急《いそ》ぐ
痩《や》せたる猿《さる》の菓《このみ》を貪《むさぼ》るが如《ごと》し
勇《いさ》める者《もの》は必《かなら》ず危《あやう》き事《こと》あり
夏《なつ》の虫《むし》の火《ひ》に入《い》るが如《ごと》し
鈍《にぶ》き者《もの》は亦《また》過《あやま》ち無《な》し
春《はる》の鳥《とり》の林《はやし》に遊《あそ》ぶが如《ごと》し

怠け者は食べることばかり考えています。
それは痩せた猿が木の実を貪り食うようなものです。
勇みがちな者は必ず危ない目に遭います。
それは夏の虫が火の中に飛び込むようなものです。
のんびりしている者は間違うことがあまりありません。
それは春の鳥が林の中でさえずっているようなものです。

**【解説】**

ここでは「〇〇する者は〇〇する」というのが一つのパターンになっています。

まず「怠け者は食べることばかり考えている」とあります。今はインスタグラムなどを見ても食べ物の写真がとても多く、テレビでも食べ物関連の情報が連日報じられます。情報番組には小さな町の小さなパン屋さんまで出てくるくらい食べ物の情報が行き渡っています。そんな様子を見ると、人は暇な時間があると食べ物のことばかり考えるのかもしれないなと思います。

これは別に悪いことばかりではないでしょう。食べ物も大切な文化の一つですから、レベルの高い情報を流すのであれば価値があります。でも、なんでもかんでも食べ物の情報を垂れ流すというのは、まさに「痩せた猿が木の実を貪っている」のと同じで、視聴者に食のことばかり考えさせるということになりかねません。当然、それは学問をする態度とはかけ離れています。

二つ目の「○○する者は○○する」は、「勇める者は危ない目に遭う」というものです。「勇める者」とは勇ましい者のことですが、ここでは「勇気がある者」というよりも、「勇みがちな者」というような悪い意味で使っています。

勇気には二つあります。一つは「仁義の勇」という正しい冷静な判断のもとに奮う勇気です。もう一つは「血気の勇」で、ちょっと馬鹿にされたからといってすぐに血が頭に上ってキレてしまったり、自分の命を粗末にしてしまうというような蛮勇のことをいいます。ここでは後者の悪い意味で使っています。蛮勇気質の者は命知らずで、自分から火に飛び込む夏の虫のようなものだといっているのです。

次の「鈍き者」は鈍重《どんじゅう》な人というよりは、ゆったりのんびりしている人と考えればいいでしょう。言い換えれば、熟慮断行型の人です。こういう人は間違いが少ないといっています。

今はスピードが大切だからと、すぐに反応して行動する人が増えています。大筋ではそれで構わないのですが、あまりにもスピードを重視しすぎると、たとえば届いたメールをよく読まずに返信して後で間違いに気づいたり、相手の発言の真意を考えずに反論して恥ずかしい思いをするケースも増えていきます。

そう考えると、少し反応が遅くてゆったりしている人のほうが間違えることは少ないかもしれません。反応のいいほうが頭の回転が速いように見えるので、それを目指そうとする人が多いのはわかりますが、その代償として失言ばかりしてしまうというのでは全く意味がありません。

だから、そんなに慌てず、「春の鳥の林に遊ぶ」がごとく、のんびりさえずっているほうがいいのではないかといっているのです。

人《ひと》の耳《みみ》は壁《かべ》に付《つ》く
密《ひそ》かにして讒言《ざんげん》すること勿《なか》れ
人《ひと》の眼《め》は天《てん》に懸《か》かる
隠《かく》して犯《おか》し用《もち》うること勿《なか》れ

誰かが壁に耳をつけて聞いているかもしれないから、
こっそり人の悪口をいってはいけません。
誰かが上から見ているかもしれないから、
隠れて悪事を働いてはいけません。

【解説】

ここでは「口が災いのもと」「天網恢恢疎《てんもうかいかいそ》にして漏らさず」ということをいっています。「人《ひと》の耳《みみ》は壁《かべ》に付《つ》く」というのは、まさに「壁に耳あり障子《しょうじ》に目あり」ということでしょう。

昨今は、ある内輪の席で話した言葉がどこかから漏れて、SNSを通じてあっという間に広まってしまうということがあります。これは名のある人に限りません。友達同士でもそういうことがあるでしょう。だから、「密《ひそ》かにして讒言《ざんげん》すること勿《なか》れ」とあるように、隠れたところで他人の悪口をいってはいけないということなのです。

私はLINEをやっていません。そういうと、「今時LINEをやっていないのですか？」と若い人たちから驚かれます。どうしてやらないかというと、LINEのグループに入れば入るほど多くの情報が入ってきて、その結果、集中が乱されると思うからです。それに返信するために、集中して取り組んでいる仕事を中断しなくてはならないケースも出てくるでしょうし、その回数が多ければ多いほど厄介なことが増えてくるように思うのです。

今の若い人たちはLINEのグループで大勢の人と人間関係をやりくりしていますが、これはすごいことだと思います。車にたとえるならば、混雑した道を事故なくハイスピードで走れる技術を持っているようなものです。

私自身は普段が忙しいので、これにLINEまで加わったらさすがに収拾困難になってしまうと思います。

以前、『ネット断ち』という本を出したことがあります。完全にインターネットを断ちましょうというのではなくて、ある決まった時間を決めてネットを断ちましょうという趣旨の本です。そのようにしないと、どんどん自分の時間が奪われていきます。


現代はインターネットやSNSの発達で、どこでも誰かが自分のことを見ているという恐ろしい時代になったと感じています。

この項の解説の冒頭に挙げた「天網恢恢疎にして漏らさず」は『老子』にある言

葉です。天の網は粗いように見えても悪いことはしっかり見ているという意味ですが、今はインターネットが天の網のようになっていて、良いことであれ悪いことであれ誰かがやっていることを見ている人がそれを暴露するような行為も起こっています。

これについては賛否両論あるでしょう。隠されている不正を明らかにするというような目的ならばいいのでしょうが、芸能人のプライベートなどは放っておいてあげればいいのにと思わないでもありません。

しかし、今はそういう時代なのだということは、私たちみんなが心しておくべきでしょう。自分は関係ないとしても、どのような形で巻き込まれるかわかりません。「天網恢恢疎にして漏らさず」「壁に耳あり障子に目あり」といった言葉について、改めて考えなくてはならないのがネット社会です。

車《くるま》は三寸《さんずん》の轄《くさび》を以《も》って
千里《せんり》の路《みち》を遊行《ゆぎょう》す
人《ひと》は三寸《さんずん》の舌《した》を以《も》って
五尺《ごしゃく》の身《み》を破損《はそん》す
口《くち》は是禍《これわざわい》の門《かど》
舌《した》は是禍《これわざわい》の根《ね》

車は三寸の短い轄《くさび》で遥《はる》か遠くまで進みます。
人は三寸の小さな舌で自分の身を滅ぼします。
口は禍の生じる門のようなもので、
舌は禍の生じる根っこのようなものです。

**【解説】**

「三寸」というのは九センチぐらいの長さです。「轄《くさび》」は車輪が車軸から外れないように差し込む短い棒のことで、それが九センチぐらいの長さなのでしょう。当時の車ですから、車輪は木でできています。そこに同じく木でできた「轄《くさび》」を差し込んで止めていたのです。

一方、人間で同じ三寸の長さのものには何があるかというと、舌がそれにあたるというわけです。「三寸」という長さで轄と舌を比喩的に表現しているのは面白いところです。

そんな短い轄ですが、車軸に差し込むと、それだけで千里の道を行けるというのです。では同じ長さの舌はどうかというと、舌があると「五尺の身を破損す」というように体全体、あるいは存在全体をだめにしてしまうというのです。

これは、うかつなことをしゃべったために、それまで築いてきたものが無になってしまうということをいっています。だから、その後に「口《くち》は是《これ》禍《わざわい》の門《かど》」「舌《した》は是《これ》禍《わざわい》の根《ね》」であるといっているわけです。

「舌禍《ぜっか》」という表現があります。舌が動いて口から出た言葉が禍を引き起こすということです。舌禍は誰にとっても気をつけなければいけないことですけれども、とりわけ上に立つ人は注意する必要があります。

最近は不祥事を起こした人や会社の謝罪会見というものがテレビなどでも放映されますが、そこでの答弁が火に油を注ぐことになるケースもしばしば見受けられます。あるいは記者会見などでも、会見をしている人の認識が世間の感覚とずれているると批判されることがよくあります。それは口にした言葉が適切ではなかったということです。
よく失言といいますが、失言の多くは本音が出てしまったということだと思います。そして、えてして本音というものは、謝罪会見や記者会見のような特別な場で出がちです。また、政治家などによく見られるように、支援者向けの講演会などでリップサービスのつもりでいった不適切発言が外部に漏出して、炎上してしまうケースもあります。

このように、たった三寸、九センチ程度の長さの舌が自分の存在をすべてだめにしてしまうということもあるのです。だからこそ、無駄なことは口にしないように、常日頃から舌から出る言葉を意識してコントロールするように努めなければいけないのです。

一度口から出た言葉を後から訂正するのは難しい

口《くち》をして鼻《はな》の如《ごと》くならしめば
身《み》終《お》わるまで敢《あ》えて事《こと》無《な》し
過言《かごん》一《ひと》たび出《い》ずれば
駟《し》追《お》うも舌《した》を返《かえ》さず
白圭《はくけい》の玉《たま》は磨《みが》くべし
悪言《あくげん》の玉《たま》は磨《みが》き難《がた》し

口を鼻のように思って余計なことをいわなければ、
一生が終わるまで心配事は起こりません。
一度口から出た言葉は、四頭立ての馬車（駟）で追いかけても
取り返すことはできません。
心の中にある白い玉を磨きなさい。
ただし、悪口ばかりいっている人の玉は磨いても光りません。

【解説】

ここも前項の続きといっていいでしょう。口が鼻だったら余計なことをしゃべらないので、一生が終わるまでひどい問題は起こらないだろうといっています。それはそうかもしれません。しかし、いかなるときも無言を貫くというのは、現代においてはなかなか難しいことではないでしょうか。

これは車の運転と似ています。事故を起こすのが怖いから車は運転しないといっていると、とくに地方の都市では生活が成り立ちません。だから、事故を起こさな

いように運転技術を磨いて、無事故で終えることを考えるほうが常識的です。

ツッコまれるのを恐れて口数を少なくしようとすると、今の時代は情報交換もできません。スピード感もなくなりますし、面白みのない人、気の利かない人と評価されるかもしれません。だから、話し方の技術を磨くことが大事なのです。

そこで大切なのは口にブレーキをつけることです。私は授業で大学生に話す練習をしてもらいます。三十秒で話してください、次は十五秒で話してくださいというように、時間を区切って話してもらうのです。すると無駄な言葉をそぎ落として話をまとめるようになります。つまり、ブレーキが利くようになるのです。

あるとき百人の授業で「今から全員に発表してもらいます」といって事前に与えていた課題について話してもらったことがあります。最初はみんな「できるわけない」という反応でしたが、「一人五秒ずつ」といってストップウォッチで時間を測ってはじめると、みんな意外にうまくて百人の発表があっという間に終わりました。

このように余計なことをいわずに必要なことだけをスパッと口にする練習をしていると、話す前に頭で言葉を整えてから口に出すことができるようになります。

「過言《かごん》一《ひと》たび出《い》ずれば　駟《し》追《お》うも舌《した》を返《かえ》さず」とあります。これは『論語』顔淵《がんえん》篇にある「駟《し》も舌に及ばず」からきた言葉だと思います。罵は駟と同じで「四頭立ての馬車」をいいます。ひとたび口から出た言葉は四頭立ての馬車で追いかけても取り返せないというのは、言ってしまったことを後から訂正するのは難しいということでしょう。「覆水盆に返らず」と同じことです。

次の「白圭《はくけい》の玉《たま》」とは白い珠のことです。『論語』先進篇に「白圭の詩」というものが出てきます。これは『詩経』大雅に出てくる詩で、「言葉を慎んで徳を修める」例として使われます。そこから「白圭の玉は磨く」というのは「人格を磨く」という意味になりました。これに対して「悪言《あくげん》の玉」は悪口や不平不満を口にすることです。そういう人はなかなか人格を磨きにくいというわけです。

ここからもわかるように、自分が普段使っている言葉に気をつけることが人間的に成長していく基礎になるのです。これはそのまま現代に通用する教えといっていいでしょう。

―良運も悪運もすべては自分が引き寄せている―

禍《か》福《ふく》は門《もん》無《な》し
唯《ただ》人《ひと》の招《まね》く所《ところ》に在《あ》り
天《てん》の作《つく》る災《さい》は避《さ》くべし
自《みずか》ら作《つく》る災《さい》は逃《のが》れ難《がた》し

禍や福は決まった家にだけ入るわけではありません。
すべては人が招いていることです。
天災は避けることができます。
しかし、自分が作った禍からは逃れようがありません。

【解説】

禍も福も、運というものはすべて人が招くものだということです。天災に対しては万全の備えをしておけば難を逃れることができるかもしれませんが、自分が原因となって引き起こした禍は逃れようにも逃れられないというわけです。

よく「自分は運が悪い」という人がいますが、その悪運も自分が招いているケースがあります。「前の会社ではうまくいかなかった。今度の会社もうまくいかない」ということが続いたとしたら、それは会社ではなく自分に問題があるのではないかと疑ってみたほうがいいかもしれません。

良い運を招く方法にはいろいろあります。一つには明るい気持ちでいることです。いつも笑顔でいると、良い運が巡ってくる感じがします。アランは『幸福論』で、上機嫌になるためには先に笑うことだといっています。

確かに、先に明るい気持ちになっておくと運の巡りが良くなるようです。なぜかというと、人間関係の中では明るい人のほうが話しやすいので人が寄ってきやすいのです。いろいろな人が集まってくると、中には良い仕事や人脈を紹介してくれる人もいるでしょう。その結果、その人にツキが巡ってくることになるわけです。

基本的に人間の運というものは誰かが持ってきてくれるものです。試験に合格するというのは、運というよりも実力です。だから、運に頼るのではなくて一所懸命勉強をするほうが早道です。しかし、仕事を得るというようなことには、多くのケースで運が関係してきます。

私は大学院を修了した三十二、三歳の頃、無職の状態になったことがあります。そのときに久しぶりに昔の仲間の飲み会があるというので行ってみました。

そこには大学院時代の先輩もいて、「齋藤くん、今はどうしているの？」と聞かれたので「実は無職なんです」と打ち明けると、「そうなのか。それなら今度、大学の教員の公募があるけど応募してみたら」と教えてもらいました。それが明治大学の公募で、結果として運良く入れてもらえたのです。

あのとき飲み会に顔を出していなければ、今の私はなかったということになります。本当にラッキーでした。当時、私はすでに結婚していて子どもも二人いましたから、ギリギリのところで運が巡ってきたという感じでした。

それにしても、今から振り返ってみると、我ながらずいぶん危ない人生を歩んでいたものだと思います。

夫《そ》れ積善《せきぜん》の家《いえ》には　必《かなら》ず余慶《よけい》あり
又好悪《またこうあく》の処《ところ》には　必《かなら》ず余殃《よおう》あり
人《ひと》にして陰徳《いんとく》あれば　必《かなら》ず陽報《ようほう》あり
人《ひと》にして陰行《いんぎょう》あれば　必《かなら》ず照明《しょうめい》あり

善行を積み重ねている人の家には、必ず思いがけない良いことが起こります。

また自分の好みで人を憎むような人のところには、必ず思いがけない悪いことが起こります。

隠れたところで徳を積んでいる人のところには、必ず良い知らせがあります。

隠れたところで善い行いをしていれば、その人の名は必ずみんなの知るところとなります。

【解説】

徳を積んでいると良いことがあるし、自分の好き嫌いで選り好みをしていると良くないことが起こる。また、人知れず徳を積んでいると良い知らせが来るし、人知れず善行をしているとどこからか評判が立って名前が知られるようになる、ということをいっています。確かにそういうことはあるのかもしれません。善であれ悪であれ、それを誰かが見ていて噂のように広まっていくということはあることです。とくにＳＮＳの時代には、そういう話があっという間に広まっていきます。

大谷翔平選手はよくゴミを拾っています。今や大谷選手の一挙手一投足は日本だけでなくアメリカでも注目されています。だから、大谷選手がゴミを拾うと目立ちますが、運動部でゴミを拾う活動を続けている学校は日本にたくさんあります。ゴミを拾うと運が良くなるというのです。

『全力！脱力タイムズ』というテレビ番組に出たときに、芸人コンビ・ロッチの中岡創一さんが「自分は車が来ていない道でも信号は必ず守ります」といっていました。そのほうが自分の運を逃がさないんじゃないかと思っている、ということでした。

車が全く来ない道ならば、赤信号でも横断歩道を渡ってしまうという人はいくらでもいるでしょう。でも、そこで渡らないことで運を逃がさない。ここにある「陰行」というのは、まさにこういうことをいうのでしょう。

街を歩いていると、落ちている空き缶やペットボトルをさりげなく拾ってゴミ箱に捨てる人を見かけることがあります。また、電車の中でガサガサと音を立てて舞っていたレジ袋をさっと拾ってバッグに入れた人を見たことがあります。そういう人を見ると、立派だなと思います。

倒れている自転車を起こすとか、目の不自由な人がいたら声をかけるとか、ささやかなことが徳を積むことになるというのは本当にそうだと思います。むしろ大人になったら自分の人生の先行きも見えてきますから、世の中に対して徳を積んでおこうというぐらいの余裕を持って生きるほうが運の巡りが良くなって、良い人生を送れるのではないでしょうか。

税金を払うときに苦痛になるという人がいます。インターネットなどにも、税金が高すぎて生きる気力が奪われるとか働くモチベーションが下がるとか書いてありました。その気持ちはわからなくもないのですが、税金は取られるものではなくて、徳を積むために納めるものだと考えればいいと思うのです。

福沢諭吉は『学問のすゝめ』で、快く運上《うんじょう》（税金）は払うべきなり、と言っています。

自分が納めた税金が大変な生活をしている人の援助に使われると思えば、確定申告で徳を積ませていただきましたというふうにも思えるのではないでしょうか。税金の使われ方にはチェックが必要ですが、納める時の気持ちとしては前向きなほうが、精神衛生上もいいはずです。

信力堅固《しんりきけんご》の門《かど》には
災禍《さいか》の雲《くも》起《お》こること無《な》し
念力強盛《ねんりききょうせい》の家《いえ》には
福祐《ふくゆう》の月光《つきひかり》を増《ま》す
心《こころ》の同《おな》じならざるは面《おもて》の如《ごと》し
譬《たと》えば水《みず》の器《うつわ》に随《したが》うが如《ごと》し

信仰の力がしっかりしている家には、
災禍が起こる不安はありません。
正しい教えを固く信じて願っている家には、
幸福の光が一段と大きくなります。
心がふらついているのは、表情がくるくる変わるようなものです。
たとえていえば、水が器の形にしたがって形を変えるようなもので、
なかなか定まりません。

【解説】

ここでは心を定める大切さについて述べています。気持ちがぐらついていると何をやっているのか自分でもわからなくなってしまい、信用もされなくなるというのです。

今の時代、転職する人は多いと思います。別に転職するのはいいのですが、そのときに注意したいのは、自分の内側に働く意欲とか「これをやりたい」というもの

が一貫しているかどうかです。そこがふらついていると転職を繰り返すことになりかねません。

また、日々機嫌が上下する人はつきあいづらいということもあります。そういう人はどこへ行っても信用されにくいということになってしまいます。


こういうとき、信じるものがあるとぶれないでいられます。いろいろな宗教の本を読んでいると、たとえば禅宗であれば達磨《だるま》は「面壁九年《めんぺき》」といわれるように壁に向かって九年間も坐禅《ざぜん》を続けました。道元《どうげん》も「只管打坐《しかんたざ》」というように「ただ坐れ」といっています。そこに一貫性があるわけです。

浄土教であれば、南無阿弥陀仏《なむあみだぶつ》を唱えるということが法然《ほうねん》、親鸞《しんらん》から現代まで貫かれています。親鸞の言葉を百ぐらい取って解説する本を作ったことがありますが、同じようなことをいっていて解説にバリエーションをつけるのに苦労しました。思想が一貫しているため、シンプルなのです。

このようにシンプルであるということが、信じる場合には大事なのでしょう。

「これを一つ持っていれば大丈夫」という思いが信じる力になるのです。

夏目漱石はロンドン留学中、神経衰弱になりました。英文学の勉強に行ったわけですが、自分が軽んじられているように感じて、うんざりして下宿に閉じこもってしまったのです。そのときに漱石は、自分が袋の中に閉じ込められているような気分になって、それを内側から突き破るキリのようなものが欲しいと思いました。

そのキリとなったのが「自分本位」という考え方でした。自分を中心として考えるということです。この四文字を手に入れたところから自分は強くなったと漱石は「私の個人主義」という講演の中で語っています。

漱石は国費留学生ですから、自分の都合だけでイギリスに行っているわけではありません。けれども、英国の基準に合わせて自分がどう思われるかではなくて、自分を信じて自分のやりたい研究をしようと決めたのです。自分に焦点を当てたことによって、俄然《がぜん》、腰が定まって、それが後々の漱石をつくっていきました。

シンプルな一つの言葉を拠《よ》り所に自分を立て直していくことができるということなのです。

他人《たにん》の弓《ゆみ》を挽《ひ》かざれ
他人《たにん》の馬《うま》に騎《の》らざれ
前車《ぜんしゃ（きょ）》の覆《くつがえ》るを見《み》て
後車《こうしゃ（きょ）》の誡《いましめ》とす
前事《ぜんじ》の忘《わす》れざるを
後事《こうじ》の師《し》とす

他人の弓を引いてはいけません。
他人の馬に乗ってはいけません。
道が悪くて、前を走る車がひっくり返るのを見たら、
後ろの車は気をつけなければいけません。
以前失敗したことを忘れることがなければ、
後日に生かすことができます。

**【解説】**

他人の弓を引いたり馬に乗るのは良くないことだといっています。なぜならば、どんなにいい弓でも、どんなにいい馬でも、それが自分に合うとは限らないからです。他の人がうまくいっているからといって、そのやり方をそのまま真似してもうまくいかないというのはよくある話です。

一方で、前の車がひっくり返るのを見たら、道に障害物や凸凹《でこぼこ》があるかもしれないと思って、後ろを走る車は気をつけなければいけません、といっています。これ

は前の人のミスを繰り返さないようにしましょうという教えです。

これらは一般的なアドバイスとしても読むことができますが、それぞれの性質や特性に合ったことをしましょうということでもあります。自分の性質や特性がわかると、それが他の人にはあまり当てはまらないということもわかってきます。

教師をしていると、三十人の学生がいるとそれぞれ違うアドバイスをすることがあります。「一般的にこれは大事」という全員に共通するアドバイスもありますが、全員には当てはまらないこともあります。特性によって、一人一人に対するアドバイスが違ってくるわけです。

優秀なコーチは個々の特徴を見ながら、それぞれに合ったアドバイスをしますから、言うことが違ってくるのです。私は二十代の頃にテニスのコーチをやっていたことがあるのですが、ボールの打点が前になりすぎる人と後ろになりすぎる人では当然アドバイスは違います。

スポーツに限りませんが、誰にでも弱点というものがあります。仕事をしていても、全部がうまくできないというのではなくて、「自分はこういうミスをしがちだ」ということがあると思います。

たとえば、メールの最終確認をしないで送ってしまって、送ったあとでミスが見つかって慌ててしまう人がいます。これはその人の癖というか、ミスの特性といってもいいでしょう。

そういうミスをしないためには、己を知ることが一番大事です。そのうえで他人のやり方を見て学ぶという順番になるのだと思います。自分を知らないまま他人の真似をしても、すぐに頭打ちになってしまうでしょう。

まず自分がどういう性質や特性を持っているのか、それを知っておくことが大事なのです。「彼を知り己を知れば百戦殆《あや》うからず」というのは孫子の兵法の言葉です。自分をよく知って、そのあとで周りを見るということが成功の秘訣にもなります。

善立《ぜんた》って名《な》を流《なが》す
寵極《ちょうきわ》まって禍多《わざわいおお》し
人《ひと》は死《し》して名《な》を留《とど》む
虎《とら》は死《し》して皮《かわ》を留《とど》む

善行によって立った評判は子々孫々まで末永く伝わっていきます。
寵愛されるのはいいようだけれども、
行き過ぎるとたくさんの禍がふりかかってきます。
人は死んだら名声を残し、
虎は死んだら皮を残して、 その存在感を示します。

**【解説】**

「善立《ぜんた》って名《な》を流《なが》す」とは、徳の高さに評判が立って末代まで名前が残ることをいいます。「寵《ちょう》」とは「寵愛」という言葉があるように、上の人からかわいがられることです。それは悪いことではありませんが、行き過ぎると禍が起きてしまうといっています。

たとえば、会社で社長が自分のお気に入りの部下を引き立てるようなケースです。部下がしっかり物事を見て、耳の痛い意見も社長にいえる人ならばいいのですが、だいたいはイエスマンになって、いいことしか耳に入れません。すると社長は自分の判断が正しいと勘違いして、結果的に会社が危機に陥ることがあります。

「虎《とら》は死《し》して皮《かわ》を留《とど》む」というのは有名な言葉です。「人《ひと》は死《し》して名《な》を留《とど》む」というのは、その対句になっています。虎が死んで皮を残すのならば、人は名を残すというのですが、せっかく名を残すのならば、悪名ではなく、名声を残すようにしたいものです。

佐藤一斎《いっさい》という江戸時代の儒学者《じゅがくしゃ》には、吉田松陰《しょういん》や西郷隆盛も尊敬しました。

西郷隆盛は佐藤一斎の「言志四録《げんししろく》」という四冊の語録集から言葉を抜き書きして、生涯それを心の支えとしました。

その佐藤一斎に「三学の教え」というものがあります。『実語教』のところでも触れましたが、「少《しょう》にして学べば、則《すなわ》ち壮《そう》にして為すこと有り。壮にして学べば、則ち老いて衰えず。老にして学べば、則ち死して朽ちず」という教えです。少年期に学べば中年期になって為すことができ、中年期に学べば老年期になっても衰えず、老年期に学べば死して朽ちない、と。この死んでも朽ちないというのは、詩的にいえば魂が生き残るということなのかもしれませんが、これは名が残るということでもあると思います。

芭蕉が老年期に作った俳句も、今なお名を留めています。あれほど超人的な人ではなくても、『童子教』にあるような原則を大事にして、しっかりした生き方を続けていれば、それは子々孫々まで伝わっていくはずです。

ＮＨＫの『ファミリーヒストリー』という番組がありますが、自分のご先祖を遡《さかのぼ》っていくと、こんなに立派な人がいたのかと驚くことがあります。私にも若くして弁護士になって国会議員になった曽祖父がいます。その人は全国に母子家庭のために自費で保育園や寮を作ったそうです。曽祖父ですから明治生まれですけれど、そういうご先祖の名前や功績は末代までも伝わるものです。

しかし、名を残すというのは何も世の中で有名人になることばかりではないでしょう。たとえば、ちょっとした自分史のようなものを書いておくのもいいかもしれません。それだけでも一族の貴重なファミリーヒストリーになるのではないかと思うのです。

国土《こくど》を治《おさ》むる賢王《けんおう》は
鰥寡《かんか》を侮《あなど》ることなし
君子《くんし》は人《ひと》を誉《ほ》めざれば
則《すなわ》ち民怨《たみあだ》をなす

一国を治める賢王は、
独り者だからといって侮るようなことはしません。
道を極めた君子が人を誉めなければ、
人々は君子に恨みの気持ちを抱くでしょう。

【解説】

国を治める王は聖賢《せいけん》の道を正しく行っているから、「鰥寡《かんか》」を馬鹿にしたりはしない、とあります。「鰥寡」とは妻を失った男あるいは夫を失った妻のことをいいます。儒教の経典の一つである『孝経《こうきょう》』の中に「国を治むる者は敢《あ》えて鰥寡を侮《あなど》らず」とありますが、独身者は当時、侮られる存在だったようです。しかし、賢王はそういうことはしないといっているわけです。

次に、道を行う君子であれば、人々の善い行いを見たら誉めてあげなさいといっています。そうしないと人々の恨みを買うことになってしまうから、というわけです。

これらの言葉は、上の位にある人が下の人を馬鹿にしたり侮ったりしてはいけないという教えです。会社内の人事評価でも、上の人が自分の仕事をちゃんと見てくれていると思うと頑張ろうという気になります。反対に、いくら頑張っても全く評価されないとなると、「こんな会社は辞めようかな」という気持ちになるかもしれません。

上の立場の人は、下の人の行為を先入観なしに見て、良いところを良いところとして評価していくことが大事です。『論語』子路《しろ》篇に「賢才を挙げよ」という言葉があります。賢い才能の人をちゃんと評価し、推挙しなさいということです。やたらと褒められても「この人は信用できるのかな」と思ってしまいますが、お世辞ではなく、しっかり見てくれて褒めてくれるのなら嬉しいものです。

私が小学校一年生のとき、先生の方針で毎日、絵日記を書きました。すると先生は、日記の文章に線を引いて「これがいいです」と誉めてくれました。毎日全員にコメントをつけて返すわけですから、先生は大変だったでしょう。でも、そのおかげで私は文章を書くことが苦にならなくなりました。先生の誉めコメントがやる気を引き起こしてくれたのです。

このように、一声かけるだけで人が変わるということは日常的にあることです。できないことを指摘するのではなく、できていることの中から良い部分を見つけて「これがいい」と評価してあげればいいのです。たとえば子どもが習字を十枚書いたときに、先生が「五枚目のこの字がいいね」といえば、子どもは次からはそれを手本にして書くようになるでしょう。誉められたことによって、そこに目標ができてくるわけです。

それだけに上のポジションの人が下の人を評価する眼力はとても大事なものなのです。評価する目が正しければ、人はどんどん伸びていきます。それが間違っていれば、人はやる気をそがれてしまいます。

国王や君主のような高い地位にある人が見る目というのは、たくさんの人々に影響を与えます。リーダーの立場にある人は、そのことを自覚する必要があるでしょう。

### ——その土地、その場所のルールに従う——

境《きょう》に入《い》っては禁《いましめ》を問《と》い
国《くに》に入《い》っては国《くに》を問《と》い
郷《ごう》に入《い》っては郷《ごう》に随《したが》い
俗《ぞく》に入《い》っては俗《ぞく》に随《したが》い
門《もん》に入《い》っては先《ま》ず諱《いみな》を問《と》え
主人《しゅじん》を敬《うやま》うが為《ため》なり
君所《くんしょ》に私《わたくし》の諱《いみな》無《な》し
二《ふた》つ無《な》きは尊号《そんごう》なり

自分の住む場所とは違う地域に入ったら、
そこでやってはいけないことを聞きなさい。
違う国に入ったら、その国の決まりを聞きなさい。
ある村に行けばその村のルールに従い、
ある場所に行けばその場所のルールに従いなさい。
他人の家に行ったときにはご先祖様の呼び名を教わりなさい。
それがその家の主人を敬うことになります。
君主には自分の諱はありません。
君主には尊い呼び名がただ一つあるだけです。

【解説】

「郷《ごう》に入れば郷に従え」ということをいっています。「境に入《い》っては禁《きん》を問《と》い、国《くに》に入《い》っては国《くに》を問《と》い」というのは、その地域、その国に入ったらそこでの禁止事項をちゃんと聞きなさい、ということです。そうしないと知らないままルール違反をしてしまうかもしれないからです。たとえば、イスラムの国に行けばイスラムのルールがあります。私は、左手を使って食事をしないように、といわれたことがあります。

この教えは新しく会社に入社したときにも通用します。「この会社で絶対にやってはいけないことはなんですか？　絶対にやらなければならないことはなんですか？」と先輩に聞くといいでしょう。ひょっとすると「創業社長の像には必ず礼をするように」というようなルールがあるかもしれません。

私がかつて非常勤で勤めていた慶應大学では、創始者である福沢諭吉を呼び捨てにせず、福沢先生と呼んでいました。私は教員なのに君付けで名前が書かれていたので事務の人に訳を聞くと、「ここでは先生は福沢先生一人です」といわれました。また、過日、渋沢栄一が新一万円札の肖像になることを祝う会に招かれて出身地の埼玉県深谷市血《ち》洗島《あらいじま》に行ったのですが、地元の小学生たちは渋沢栄一と呼び捨てにせず、渋沢栄一翁《おう》と呼んでいました。

このように呼び方のルールにはいろいろあります。そういう場所に行ったら、自分は普段そう呼ばないとしても、そこのルールに従う。「郷に入っては郷に随い、俗に入っては俗に随い」ということが大事です。

私は教育実習に学生を送り出すときに、教育実習先の学校のルールに従ってやってくださいと必ずアドバイスします。向こうのお世話になるのだから、自分の教育観を勝手に優先させないように、と念を押しています。

次に「先祖を敬う」という話が出てきますが、これは当時の習慣のようなことをいっています。まず「他人の家に入ったときにはご先祖様の諱を聞きなさい」とあります。「諱」とは、死後につける諡《おくりな》のことです。昔はそれを尋ねることが一つの礼儀になっていたのでしょう。同様に、君主には立派な号があるから死後も諱をつけないというのも、当時の決まりだったのでしょう。

森鷗外《おうがい》は死の間際に「余ハ石見人《いわみのひと》森林太郎トシテ死セント欲ス」と遺言して亡くなりました。だから、鷗外の墓には、「鷗外」という号も、陸軍軍医のトップという生前の肩書きも刻まれていません。ただ「森林太郎ノ墓」とのみあります。最後は自分のもとの名に戻りたかったということなのでしょう。

愚者《ぐしゃ》は遠《とお》き慮《おもんぱか》り無《な》し
必《かなら》ず近《ちか》き憂《うれ》い有《あ》るべし
管《くだ》を用《もち》いて天《てん》を窺《うかが》う如《ごと》く
針《はり》を用《もち》いて地《ち》を指《さ》すに似《に》たり

愚かな人は遠い先のことまでは考えません。
だから必ず、近い時期に問題が起こってきます。
細い管で天をのぞいても見えるのはごく狭い一部でしかありません。
それは鍼灸《しんきゅう》の針を地面に突き刺したところで
何も効果がないのと同じことです。

【解説】

愚かな人は先のことを考えないから、必ず近い時期にいろいろと問題が起こってくるといっています。この言葉は『論語』の「遠き慮《おもんぱか》り無ければ必ず近き憂いあり」（衛霊公篇《えいれいこうへん》）という言葉に基づいています。つまり、遠くを見通して想定内にしておくと身近なところで問題が起こったときにも落ち着いて対処できるということです。

つまり、賢者と愚者の違いは、いろいろなことをどれだけ遠く深く考えて想定しているかどうかというところにあるわけです。

一方、細い管で天を見たところでほとんど何も見えません。それは鍼灸《しんきゅう》の針を地面に刺したところで何も効果がないのと同じようなものである、といっています。これは荘子《そうじ》の言葉が元になっています。要するに、自分の狭い考えだけで物事を判断すると間違ってしまうということでしょう。

「自分は絶対に正しい」というような人は、自分に見えるところだけを見て判断しているのではないでしょうか。世の中にはさまざまな考え方や意見がありますから、それらも考慮して考える必要があります。だから、目先のことだけにとらわれるのではなくて、遠くまで見通して大局的に考えることが大事なのです。

今は「終活」が流行っています。これは自分の死んだあとを考えて準備をしておくことによって、子どもたちに余計な負担がかからないようにすることを目的として行うのでしょう。「終活」というとマイナスのイメージを抱くかもしれませんが、もうこれ以上使うことはないというものを整理すれば、部屋も気分もすっきりするでしょう。

しかし、捨てるのも簡単ではありません。私などは「この本を捨てるかどうか」といつも迷います。もしかして読むのではないかと考えたり、全部捨てるのは寂しいなと思ったりして、なかなか決断できません。でも、それを考えているのも楽しいことなのかもしれません。

今は寿命も延びてきましたけれども、ある程度先を見て整えておくと、その後の生活パターンがシンプルになるという利点があります。

たとえば、朝起きて犬の散歩に行って、朝食のあとで図書館に行ってそこで本を読み、そのまま借りて家に帰ってきてまた読むというように、一日がそれなりにリズム良く過ぎていくという生活パターンを決めると、「今日は何をしようか」といちいち考える必要もありません。

そうやって日々の生活が安定すると、人生の後半期もあまり寂しくなく過ごすことができるのではないかと思うのです。

神明《しんめい》は愚人《ぐじん》を罰《ばっ》す
殺《ころ》すに非《あら》ず懲《こ》らしめんが為《ため》なり
師匠《ししょう》の弟子《でし》を打《う》つは
悪《にく》むに非《あら》ず能《よ》からしめんが為《ため》なり

神様は愚かな人に罰を与えます。
それは命を奪おうというのではなくて、
懲らしめて反省させるためです。
師匠が弟子を厳しく指導するのは、弟子が憎いからではありません。
弟子に少しでも良くなってほしいと思うからなのです。

## 【解説】

近年、パワハラが大きな問題になっていることからもわかるように、失敗したことに対して罰を与えるとか、必要以上に厳しく指導することは好まれません。しかし、神が愚かな人を罰するのは懲らしめるためであって、師匠が弟子を厳しく指導するのは少しでも良くなってほしいという思いからだというのは、その通りでしょう。

ただし、今の時代は厳しさ自体が嫌われる傾向にありますので、言い方のアレンジが必要でしょう。「このままだと落ちるぞ」とか「そんなやり方はダメだ」というような否定形ではなくて、「こうすればこうできるよ」というような肯定的な言い方に変えていくほうが相手も受け止めやすくなります。また、威圧的な調子ではなく、ソフトな口調で話すことも大事です。

このように世の中が変わった結果、学生時代に厳しさに触れないまま社会に出る人たちも現れました。むやみに厳しくする必要はないと思いますが、全く厳しさを知らないというと果たしてそれはいいことなのかと考えてしまいます。むしろ子どもたちにとって、これから社会の中で生きていくためには不利な条件になるのではないかと思うのです。

弱肉強食とまではいわないにしても、社会にはそれなりの厳しさがあります。たとえば、得意先からクレームを受けることもあるでしょうし、上司からミスを叱責《しっせき》されることもあるかもしれません。厳しさを体験していない人は、そこで簡単に心が傷ついてしまうのではないかと心配します。

その意味では、子ども時代にある程度の厳しさに慣れておくほうがあとで楽になるともいえます。事実、厳しい部活動をくぐり抜けてきた人は、社会の厳しさを味わっても「あのときの部活ほどじゃないな。水も飲めるし」と思って頑張れることもあるでしょう。要するに、打たれ強くなるわけです。そういった強さを身につけられるところに、部活の厳しさを潜り抜けてきた意味もあるわけです。

今はそういうものに対して否定的な風潮が強く出てきています。しかし、人生のどこで厳しさを味わうかは、生きていくうえでの結構大きなポイントになるように思います。そう考えるならば、子どもの頃にある程度の厳しさと向き合う体験をしておくほうがいいようにも思うのです。

厳しさを味わうことなく一生過ごせるとすれば、それはそれでラッキーだと思いますが、なかなかそううまくはいかないでしょう。どこかで厳しさを味わっておくことは大事なことですし、そうした体験が人生の味わいにもつながっていくようにも思います。

## 本当に豊かな人とは心の満足を欲する人

生《う》まれながらにして貴《たっと》き者《もの》は無《な》し
習《なら》い修《じゅ》して智徳《ちとく》と成《な》る
貴《たっと》き者《もの》は未《いま》だ必《かなら》ず富《と》まず
富《と》める者《もの》は未《いま》だ必《かなら》ず貴《たっと》からず
富《と》めりと雖《いえど》も心《こころ》に欲多《よくおお》ければ
是《これ》を名《な》づけて貧人《ひんにん》とす
貧《まず》しきと雖《いえど》も心《こころ》に足《た》るを欲《ほっ》すれば
是《これ》を名《な》づけて富人《ふじん》とす

生まれたときから立派な人はいません。
みんないろいろ習い覚えて智恵や徳が身につけていきます。
立派な人が必ずしも裕福とは限りません。
裕福だからといって心に欲が多ければ、
それは貧しい人といっていいでしょう。
貧しくても心の満足を欲するならば、
それは豊かな人といっていいでしょう。

**【解説】**

生まれながらにして立派な人などはいません。誰も皆、学ぶことによって智恵や徳といったものを身につけていくのです。また、学ぶだけではなくて欲をコントロールすることも大事です。欲が多すぎる人はいくらお金があっても貴いとはいえないし、むしろ貧しいといってもいいでしょう、と『童子教』はいっています。

『童子教』がこんなことをいっているのは、昔もやはりお金持ちをうらやむ気持ちがあったということでしょう。それを戒めて、たくさんお金を持っているよりも、心が豊かであることのほうが大事なのだと諭しているのです。

『老子』の中に「足るを知る」という言葉があります。自分に分相応の満足を知るということですが、そういう人は貧しくてお金がなくても心は豊かなのです。

これは決して貧しい人への慰めというわけではありません。

実際に私の親戚にも、お金のかからない生活をしていて十分に満ち足りて、穏やかに暮らしている叔父がいます。もう六十年ぐらいお世話になっていますけれど、表情を硬くしたり怒ったりするのを一度も見たことがありません。

また、亡くなった叔母も優しくてきちんとした人で、野菜などを自分で作っていて贅沢はしませんでした。衣服もたくさん持っていたわけではありませんが、自分のお気に入りを大事に長く着ていました。

思い出すのは叔母が亡くなったときのことです。香典を包もうとしたら断られました。それは叔母の遺志だったそうです。それどころか、叔母はその日のために貯金をしていて、そのお金を親戚全員に分け与えたのです。これには驚くとともに感嘆しました。

親戚にもそういう人がたくさんいるので、私は「足るを知る」という人が実際にいるのだと本心から思います。そして、叔父や叔母たちのように心豊かな一生を送るのが人間にとって一番の幸せなのではないかと思ったりもするのです。

『徒然草』に、深い知識を持つ僧が芋頭《いもがしら》（里芋の親芋）という素朴なものを好み、お金をすべてそれに費やした話が出てきます。

日本という国は、少し前の一九七〇年代には総中流社会といわれ、全員がほどほど良い暮らしをしていました。それは国民が「足るを知る」ことを自覚していたからだと思います。お金よりも人格の向上を大事にし、みんなが幸せになろうという気持ちで築いた国だから、貧富の差の少ない、しかも精神的に豊かな国になったのだと思うのです。お金を欲するのは人間の欲ですが、そればかりにならないように注意したいものです。

師《し》の弟子《でし》に訓《おし》えざる
是《これ》を名《な》づけて破戒《はかい》となす
師《し》の弟子《でし》を呵責《かしゃく》する
是《これ》を名《な》づけて持戒《じかい》となす
悪《あ》しき弟子《でし》を蓄《とど》むれば
師弟地獄《していじごく》に堕《お》つ
善《よ》き弟子《でし》を養《やしな》えば
師弟仏果《していぶっか》に至《いた》る

# 教《おし》えに順《したが》わざる弟子《でし》は早《はや》く父母《ふぼ》に返《かえ》すべし

先生がしっかり教えなければ、弟子は仏の戒律を破るでしょう。
これを「破戒」といいます。
先生が厳しく叱って指導すれば、弟子は仏の戒律をしっかり守るでしょう。
これを「持戒」といいます。
悪い弟子をつくってしまうと師弟ともに地獄に堕ちてしまいます。
良い弟子を育てれば師弟ともに悟ることができます。
教えにしたがわない弟子は、
さっさと父母のところに返してしまったほうがいいでしょう。

【解説】

ここでは師弟のあり方を説いています。師匠が弟子をしっかり教えなければ、弟子は仏の戒律を破ってしまう（破戒《はかい》）。師匠が弟子を良く教えれば、弟子は仏の戒律を良く保つ（持戒）といっています。師弟は一心同体で、悪い弟子を持てば師弟ともに地獄に落ちてしまうというのは怖い話です。要するに、そんな悪い人を弟子にしたこと自体がダメなので、共同責任があるということなのでしょう。逆に、良い弟子だと師弟ともに悟りに至ることができるといっています。

だから、ダメな弟子は早く父母のもとに返してしまいなさいというわけです。江戸時代の寺子屋では、先生の指導に従わない生徒を机ごと家に帰したそうです。それくらい師弟にはともに目指すところがあるということなのでしょう。

孔子は『論語』述而篇《じゅつじ》で「憤《ふん》せずんば啓《けい》せず、悱《ひ》せずんば発《はっ》せず」といっています。これは「啓発」の語源となった文言ですが、学ぶときに発奮しないようでは教えないといっているのです。相手から求められなければ、啓発はできないというのがその理由です。さらに孔子は「一隅《いちぐう》を挙げて三隅を以て反《かえ》らざれば、則《すなわ》ち吾《われ》復せざるなり」といっています。机の一つの隅を示したら何もいわれなくても残りの三つについて類推して答えないようでは教えないというのです。なかなか孔子は厳しい先生です。そういうふうに、昔の師弟はともに進むという感覚が強かったのでしょう。今の学校教育の先生と生徒の関係性とはちょっと違う厳しさがありました。

その意味で、師と呼べる人がいるというのは幸せなことでしょう。私は小・中・高校時代の先生と今でも連絡を取っています。釣った魚を煮て送ってくださる先生もおられます。先生にとっては何歳になっても教え子は教え子だし、私にとっても自分が何歳になっても先生は先生です。師弟の関係が一生にわたって続くというのは、いろいろな人間関係がある中でもいいものだと思います。学校教育を批判ばかりする人がいますが、あまり良い先生と出会わなかったのかもしれません。

師にするのなら、案外、学校の先生は適切なのではないかと思います。変なことをすればクビですから、ある意味、安全です。TBSの安住《あずみ》紳一郎アナウンサーは大学の教え子です。会えば今でも普通に「安住君」「齋藤先生」と呼び合います。そういうナチュラルな感じの師弟関係はいいものだなと思います。

和《やわ》らかならざる者《もの》を寃《なだ》めんと擬《ぎ》すれば
怨敵《おんてき》と成《な》って害《がい》を加《くわ》う
悪人《あくにん》に順《したが》って避《さ》けざれば
緤《つな》げる犬《いぬ》の柱《はしら》を廻《めぐ》るが如《ごと》し
善人《ぜんにん》に馴《な》れて離《はな》れざれば
大船《たいせん》の海《うみ》に浮《う》かべるが如《ごと》し

仲が悪くなっている者をなだめようとして
小手先でその場を取り繕おうとすると、逆に怨まれて、
敵となって害を加えてくるようになるでしょう。
悪い人とのつきあいを避けなければ、
柱につながれた犬がその周りをくるくると回るように、
その人から離れられなくなります。
善い人と親しくなっていつもそばにいれば、
大きな船に乗って海に浮かんでいるような安心感があります。

【解説】

仲が悪くなっている相手をなだめようとして口先で適当なことをいうと、かえって恨まれて害を加えてくるといっています。これは、こちらの意見に合うように相手を変えようとして甘い言葉をかけると、それがあだになるということでしょう。だから、相手を見て「なだめても変わらないな」と思えば、甘やかしたりして無理

に変えようとするなと注意しているわけです。

むしろ素行の悪い人は避けるようにしないといけない。そうしないと逆に取り込まれて、柱につながれた犬がその周りをくるくると回るしかできないように、悪人から離れられなくなりますといっています。

それゆえに悪い人間に情けをかけすぎるのは良くないということなのです。優しくしたところが逆恨みされるケースもあるからです。実際に、気の毒だと思ってお金を貸してあげたら刺されてしまったというようなひどい話もあります。


以前、フィリピンの獄中にいたルフィと名乗る男がリーダーとなって行われた特殊詐欺・強盗事件がありました。そのグループにアルバイト名目で誘われて加わり、「身元はわかっているから」と脅されて抜けられなくなって悪事を重ね、捕まった人がいます。これなどは悪人に従っていると離れられなくなるという典型的な例でしょう。

善人とつきあうか悪人とつきあうかによって、人生は大きく変わってきてしまいます。『童子教』はそのことを教えています。

善人と一緒にいれば、大きな船に乗って航海するように安心していることができるのだから、悪人からは一刻も早く離れ、善人のそばにいるようにしなさいと諭しているのです。

善《よ》き友《とも》に随順《ずいじゅん》すれば
麻中《まちゅう》の蓬《よもぎ》の直《なお》きが如《ごと》し
悪《あ》しき友《とも》に親近《しんきん》すれば
藪《やぶ》の中《なか》の荊曲《けいきょく》の如《ごと》し

善き友に交われば、麻の中に生える蓬が茎をまっすぐに伸ばすように、自分もまっすぐに伸びていくことができます。

悪い友に交われば、藪の中のいばらが曲がりくねって生えているように、自分もねじ曲がってしまいます。

**【解説】**

ここも前項と同じように、つきあう相手は選ばなければならないという話です。善い友達とつきあえば、麻の中の蓬のようにまっすぐに伸びるし、悪い友達とつきあえば、藪の中のいばらのように曲がっていってしまう、と。つまり、身を置く場所によって変わってしまうということでしょう。

環境が人を育てるといいますが、ここではまさにそういうことをいっています。だから、学校や会社を選ぶときも、知名度よりも、自分が伸びていけるかどうかを考えて選んだほうがいいということになります。

私は大学の友人たちと年に二、三回は会っています。卒業して四十年も経っているのに、会えばみんな学生時代と雰囲気が変わりません。人というのはこんなに変わらないものかと驚くほどです。

そして、学生時代から今まで定期的に会っている中で、その人たちから一度も嫌なことを言われた覚えがありません。また、誰かに対して嫌なことを言うのを聞いたことがありません。

本当にいい友達と出会うと、こんなにたくさん人柄の良い人がいるんだなと思います。みんな大きな会社の重役などの役職についていますが、それは彼らの能力に加え、人徳というものもあるのだと思います。

そういう人たちと友達になれたというのは、自分がとてもいい環境の中に置かれていたのだなと改めて思います。


うまくいかないのは自分が悪いという理由だけではなくて、もしかしたら環境が良くないのかもしれません。だから、自分はこの学校には合わないな、この会社には合わないなと思った場合には、別の学校に転校するとか別の会社に転職するというのも一つの方法でしょう。その結果、気分が変わって、伸び伸びと自分らしく動けるようになったというケースもあります。

もちろん、安易に転校したり転職するのはすすめられません。でも、周囲の人たちに相談したり、自分でもよくよく考えて、環境を変えたほうがいいという結論になったのならば、動いてみるのはいいかもしれません。

今の時代は転校にしても転職にして珍しいことではなくなっています。より良い環境を求めて場所を変えるというのは、長い人生を悔いなく歩くための選択肢の一つになると思います。

## 一日もおろそかにせずに学べば必ずあとで役に立つ

祖《そ》に離《はな》れ疎《そ》師《し》に付《つ》きて　戒定恵《かいじょうえ》の業《ぎょう》を習《なら》え
根性《こんじょう》は愚鈍《ぐどん》なりと雖《いえど》も
自《おの》ずから好《この》めば学位《がくい》に致《いた》る
一日《いちにち》に一字《いちじ》学《まな》びて　三百六十字《さんびゃくろくじゅうじ》
一字千金《いちじせんきん》に当《あ》たる　一点他生《いってんたしょう》を助《たす》く
一日師《いちにちし》を疎《おろそ》かにせず　況《いわん》や数年《すうねん》の師《し》を乎《や》

自分が生まれた土地を離れて遠くの師に弟子入りし、
仏道修行に欠かせない戒・定・恵（慧）の三つを学びなさい。
生まれつきの性質が愚鈍であっても、
学ぶことを好んで一所懸命に勉強すれば、一定の成果が得られます。
一日に一字ずつ学べば、一年で三百六十字を学べます。
その一字は千金に値します。
文字の点一つおろそかにしないで覚えれば、
今生で役立つだけでなく、来世でも助けとなることがあります。
たった一日だけ教わった先生でもないがしろにしてはいけません。
ましてや何年も学んだ先生なら、感謝し、尊敬しなければいけません。

**【解説】**

この「祖」というのは、自分が生まれ育った土地と解釈したいと思います。つまり、自分を伸ばすために生まれ故郷を遠く離れて、優れた師を探して弟子入りして学びなさいというのです。そこで一所懸命学問をすれば、元々の素質はそれほどではなくても、ある程度の成果は得られますよ、と。

たとえば、一日に一字ずつ学ぶだけでも、一年では三百六十字を学べます（当時の暦）。その学んだ一字には千金の値打ちがあるといっています。それは「一点他生を助く」、つまり点一つおろそかにせずに覚えれば、今生きている間に役立つだけではなくて、次に生まれ変わった世でも助けられることがあるというのです。だから、「一日師を疎かにせず」、たった一日だけ習った先生でも大事にしなければいけない。ましてや何年も習った先生ならなおさら大事にしなくてはいけません、というわけです。

これは、本気で学ぶのであれば、毎日の練習が大事になってくるという教えでしょう。宮本武蔵の『五輪書』に「千日の稽古を鍛《たん》とし、万日の稽古を練《れん》とす」とあります。千日万日の稽古を一日たりともおろそかにせず、大切にして学びなさいというメッセージです。

先述した通り、ガンジーは「永遠に生きるかのように学べ。明日死ぬかのように生きろ」といっていますが、そのように真剣に学ぶことを軸にした生き方は大切です。

今生きている世界だけではなくて、これから先のことまで見通して学んでおけば、それが来世でも役に立つというのは、なかなか壮大な考え方です。「なんのために学ぶのか」と聞かれたときに、「来世のために学んでいる」と答える人はあまりいないでしょう。「来世ではちゃんとします」というドラマがありました。「来世ちゃん」と略されていましたけれども、ユニークなタイトルだなと思いました。

確かに来世のことまで考えて学ぶというのは新鮮な見方だと思います。しかし、今生で先生を選ぶことも大事です。前にも触れましたが、師の選び方には「私《し》淑《しゅく》」というやり方もあります。これは、ある人を自分で勝手に先生だと思って尊敬し、本を読んだり講演を聞きに行ったりして学ぶことをいいます。

私は高校生のときに小林秀雄をはじめたくさんの人の本を読みました。その読書経験が今につながっています。私はあの当時読んだ本の一人一人の先生に私淑していたといってもいいように思います。

## 前世・今生・来世と続く師との縁

師《し》は三世《さんぜ》の契《ちぎ》り
祖《そ》は一世《いっせ》の睦《むつみ》
弟子《でし》は七尺《しちしゃく》去《さ》って
師《し》の影《かげ》を踏《ふ》むべからず

師との縁は前世・今生・来世の三世にわたるものです。
それに比べれば、自分の祖先や生まれた家や土地はこの世だけのつながりです。
先生と歩くときは、弟子は七尺後ろに下がって、
先生の影を踏まないようにしなければなりません。

【解説】

ここでも先生を大切にしなければならないということをいっています。「師の影を踏まず」は今も使われる言い方です。今は「三歩下がって」といいますが、ここでは「七尺去って」となっています。一尺は約三十センチですから、七尺は二メートル強ということになります。先生と歩くときは二メートルほど後ろに下がって、その影を踏まないようにしなければならないということです。

師の影を踏んではいけないのと同様に、本も踏んではいけないといわれます。その理由は、本は著者の精神が形になっているものだからだと私は思います。本とは人格なのです。人にはそれぞれの人格がありますが、本というのは、とりわけ先生感があります。だから、本を踏むと先生の人格とか精神を踏むように感じてしまうのです。ましてや『論語』や『聖書』はもはや権威となっていますから、それを踏むというのは畏《おそ》れ多いとすら思います。

先生との縁は前世と今生と来世の三世にわたってつながっているのに対して、自分の祖先とはこの世だけのつながりという見方は面白いと思います。ここからも、師というものをいかに大事にしているかが伝わってきます。

この世だけではない三世のつながりというのは、魂のレベルで結びついているというような感じでしょうか。ギリシャの哲学者プラトンは、ソクラテスとの出会いがあって存在しているといっていいでしょう。プラトンはソクラテスの影響のもとに対話編を書いていきました。この関係性を見ると、この二人は永遠に切り離せないだろうと感じてしまいます。まさに魂のレベルのつながりです。

その師弟関係が今生だけでは終わらないくらい凄いというのは、十分に納得できます。先生というのは血のつながりのない他人ですけれども、むしろ肉親よりも深い関係になることもあるのです。

私は大学院時代に教わった栗原彬《あきら》先生と、講義のあと、駅までの道のりを一緒に歩いていただいたことがあります。先生とお話ししていると、それだけで学識が深まるように感じました。

先生は、収入のない頃の私を市民大学のアシスタントに雇って助けてくださいました。大学院で授業を受けていただけの関係なのに、本当に優しく接していただきました。

それが今の私につながっているのですから、師は大事にしたほうがいいという『童子教』の教えは、まさに実感できることです。

観音《かんのん》は師孝《しこう》の為《ため》に　宝冠《ほうかん》に弥陀《みだ》を戴《いただ》き
勢至《せいし》は親孝《しんこう》の為《ため》に　頭《こうべ》に父母《ぶぼ》の骨《ほね》を戴《いただ》き
宝瓶《ほうびん》に白骨《はくこつ》を納《おさ》む
朝《あした》は早《はや》く起《お》きて手《て》を洗《あら》い
意《こころ》を摂《おさ》めて経巻《きょうかん》を誦《じゅ》せよ
夕《ゆうべ》には遅《おそ》く寝《いね》るとも足《あし》を洒《そそ》ぎ
性《せい》を静《しず》めて義理《ぎり》を案《あん》ぜよ

観音菩薩は師への敬意を表すために、冠に阿弥陀像を戴いています。
勢至菩薩は親への孝行を忘れないために、頭に父母の骨を戴き、宝物を入れる瓶に白骨を納めています。
朝は早く起きて手を洗い、心を整えて経典を読みなさい。
夜は遅くまで勉強をして寝るときには足を洗い、気を落ち着かせて、この世の道理について考えなさい。

**【解説】**

観音菩薩《かんのんぼさつ》と勢至《せいし》菩薩は阿弥陀《あみだ》菩薩とともに阿弥陀三尊と呼ばれます。こうした菩薩でも師を敬ったり親孝行したりしているのだから、私たちはなおさらそうしなければいけないといっているのです。

それとともに、ここでは朝や夜の過ごし方について述べています。坐禅で「調身・調息・調心」というように、調える体の習慣が大事だということです。具体的には、朝は早起きして手を洗い、心を調えて経典を読みなさい、寝る前には足を洗い、気持ちを落ち着かせて世の道理について考えなさい、と。要は、生まれ持った性格や本性はあっても、そういうものを自分でコントロールしなさいといっているのです。

脳の大脳辺縁系に扁桃体《へんとうたい》といわれる器官があります。この扁桃体は不安や攻撃を司っていて、「獣が襲ってきた！」というようなときに鳴るサイレンのような役割をしています。一方、前頭葉は冷静な判断をする場所といわれていますが、働きが衰えてくるとだんだん古い脳が出てきて、キレやすくなったりブレーキが利かなくなったりするようです。

だから、頭をしっかりさせるために、朝から勉強して、夜寝るときには心を安らかにするという習慣が大切なのです。

睡眠を良くするために足を洗うというのは、日本人でいうとお風呂に入るようなものでしょう。お風呂に入ってさっぱりすることで、脳の働きを交感神経主体から副交感神経主体に切り替えるのです。自律神経の専門家によると、この切り替えが大事だそうです。一日のうちでそういうリズムを整えていくと、心身の健康を維持できるということなのです。

大人になると自分のリズムがわかってきます。朝型の人は朝型、夜型の人は夜型というように、自分に合ったやり方で整えていくのがいいと思います。私の一族は夜型が多いのですが、これは後天的につくられたものだとは思いません。むしろ全員が朝型とは限らないと私は思っています。

原始時代には獣に襲われる危険が常にありました。そのときに全員が朝型で早寝早起きしていたら、夜に襲われてしまいます。だから、夜に強い人も一定数いたはずです。夜は寝なくても平気な人がいて、夜中に獣が来たらみんなを起こしていたのではないかと思うのです。そうでなければ、人類は生き延びられなかったはずです。

今でも作家さんには夜型の人が多いようです。その人たちはきっと原始時代の夜型人間のDNAを引き継いでいるのではないかと密かに思っています。

習《なら》い読《よ》めど意《こころ》にいれざれば
酔《よ》い寝《ね》て讝《むつごと》を語《かた》るが如《ごと》し
千巻《せんかん》を読《よ》めども復《ふく》さざれば
財無《ざいな》くして町《まち》に臨《のぞ》むが如《ごと》し

習って読んでも心に入れなければ、
酔っぱらって寝ころんでつまらない話をしているのと変わりません。
どれだけたくさん読んでも復習しなければ、
お金を持たずに町に買い物に行くようなもので、全く意味がありません。

【解説】

これは、本を読むときにはその内容をしっかり心に刻み込むことが大事だということです。習って読んでも定着しないのは、酔っぱらって寝ころんで無駄話をしているように、真剣な気持ちで取り組んでいないからだというわけです。しっかり身につけるためには、復習や復唱をしなければなりません。何度も繰り返して自分のものにしてこそ、学ぶ意味があるということなのです。

私がおすすめしたいのは、「この本を読むのはこれが最後になるかもしれない」「この本について、明日、人前で話さなくてはいけない」という気持ちで読むことです。そうやって気持ちを入れて読むと、心への入り方が深くなります。

学校の授業でも講演会でも、その聞いた話を人に話さなければならないという前提があると真剣になります。中身が濃いインプットになります。ですから、本を読むときも、アウトプットを想定したインプットにするほうがいいと私は思っています。

受験勉強は合格が目標になりますから、復習して完全に身につくところまで徹底して勉強することが何よりも大事です。

学生時代に日本史や世界史の教科書をまるまる一冊覚えるまで復習したという人も多いのではないでしょうか。数学の問題でも、問題集でできない問題がなくなるまで何周も繰り返すといいのです。すると、だいたい四、五周目くらいで身についてきます。

東大の友達にどんな勉強をしたのかと聞いたところ、スタンダードな問題集を何回も繰り返したといっていました。やはり完全に身につくところまで何度も復習するとものになるということなのです。

だから、一回か二回で終わるのはもったいない。せっかく学ぶのならば三回、四回と繰り返すほうが無駄にならないのです。

小説も三回ぐらい読むと内容の理解が違ってきます。それも一節一節音読していくと、体まで使っているので記憶に鮮明に残ります。その意味では、音読というのは実にパワフルな勉強方法なのです。

いずれにしても、何事であれ身につくまでやらなければ本物にはなれないということです。

薄《うす》き衣《ころも》の冬《ふゆ》の夜《よ》も
寒《かん》を忍《しの》びて通夜《つうや》に誦《じゅ》せよ
乏《とぼ》しき食《しょく》の夏《なつ》の日《ひ》も
飢《うえ》を除《のぞ》きて終日《ひねもす》習《なら》え
酒《さけ》に酔《よ》えば心狂乱《こころきょうらん》し
食《しょく》を過《す》ごせば学文《がくもん》に倦《う》む
身《み》を温《あたた》むれば睡眠《すいみん》を増《ま》す
身《み》を安《やす》んずれば懈怠《けたい》起《お》こる

薄い着物で過ごす冬の夜も、寒さを我慢して一晩中音読しなさい。食べ物が乏しい夏の日にも、空腹を忘れて一日中勉強しなさい。酒に酔えば心は乱れ、食べ過ぎれば勉強がおっくうになります。身体が温まれば眠くなり、横になれば怠け心が起こります。

**【解説】**

寝食を忘れて勉強しましょうということをいっています。寒さに耐えて一晩中暗誦しなさい、空腹を忘れて一日中勉強しなさい、とかなり厳しいことをいっていますが、たとえば漫画を読むとかゲームをするということなら寝食を忘れて何時間も続けられる人はいるでしょう。好きなことであれば、時間を忘れるものなのです。そのスイッチをうまく入れ替えれば、勉強にも適用できるはずです。

藤井聡太《そうた》さんが将棋を指すのは仕事ですが、子どもの頃からずっと続けていて、寝食を忘れて将棋について考え続けたというような経験をきっとしているのではないかと思います。また、小説家というのは小説を書くのが仕事ですが、そのストーリーを考えるのは楽しくて飽きることはないのでしょう。

これらの人たちは仕事と趣味を分けるのではなくて、仕事を趣味にしている人、あるいは趣味を仕事にしている人といってもいいかもしれません。仕事と趣味を完全に分けている人ももちろんいますし、それが悪いわけではありませんが、仕事をしている最中から楽しいというのならそれに越したことはないでしょう。

たとえば、先生に向いている人は確かにいて、私の教え子でも先生に向いているという人は授業のある日のほうが体調がいいといいますし、授業をやったあとのほうが気が晴れ晴れするといっています。私自身もそうです。

宮沢賢治は「生徒諸君に寄せる」という詩の中で、「この四ケ年が／わたくしにどんなに楽しかったか／わたくしは毎日を／鳥のように教室でうたってくらした／誓って云うが／わたくしはこの仕事で／疲れをおぼえたことはない」といっています。

そんな自分の知的好奇心を満足させるようなものを見つけて、学ぶ喜びを味わってほしいと思います。

――学ぶ気持ちがあればどこにいても勉強できる――

匡衡《きょうこう》は夜学《やがく》の為《ため》　壁《かべ》を鑿《うが》ちて月光《げっこう》を招《まね》く

匡衡は、夜勉強するために、部屋の壁に穴をあけて月明かりが入るようにしました。

孫教《そんきょう》は学文《がくもん》の為《ため》　戸《と》を閉《と》じて人《ひと》を通《つう》ぜず

孫教は、勉強の邪魔にならないように戸を閉めて誰も中に入れませんでした。

蘇秦《そしん》は学文《がくもん》の為《ため》　錐《きり》を股《もも》に刺《さ》して眠《ねむ》らず

蘇秦は、勉強をしていて眠くなると、錐を太股に刺して目を覚ましました。

俊敬《しゅんきょう》は学文《がくもん》の為《ため》　縄《なわ》を頸《くび》に懸《か》けて眠《ねむ》らず

俊敬は、勉強中に眠らないように首に縄をかけて、眠ったら首が絞《し》まるように工夫しました。

車胤《しゃいん》は夜学《やがく》を好《この》んで　蛍《ほたる》を聚《あつ》めて燈《ともしび》とす

車胤は、夜、勉強するのが好きで、蛍を集めて明かりの代わりにしました。

宣士《せんし》は夜学《やがく》を好《この》んで　雪《ゆき》を積《つ》みて燈《ともしび》とす

宣士は、夜、勉強をするのが好きで、雪を積んで雪明かりの下で勉強しました。

休穆《きゅうぼく》は文《ぶん》に意《こころ》を入《い》れて
冠《かんむり》の落《お》つるを知《し》らず

休穆は、読書に没頭するあまり、
風が吹いて頭に被っていた冠が落ちるのに気がつきませんでした。

高鳳《こうほう》は文《ぶん》に意《こころ》を入《い》れて
麦《むぎ》の流《なが》るるを知《し》らず

高鳳は、読書に没頭するあまり、
干していた麦がにわか雨で流されているのに気がつきませんでした。

劉完《りゅうかん》は衣《きぬ》を織《お》り乍《なが》ら

口《くち》に書《しょ》を誦《じゅ》して息《やす》まず

劉完は、機織《はたお》りをしながら、ずっと書をそらんじていました。

倪寛《げいかん》は耕作《こうさく》し乍《なが》ら　腰《こし》に文《ふみ》を帯《お》びて捨《す》てず

倪寛は、畑を耕している間も、腰に本を挟んで持ち歩いていました。

此等《これら》の人《ひと》は皆《みな》　昼夜学文《ちゅうやがくもん》を好《この》みしに
文操国家《ぶんそうこっか》に満《み》つ　遂《つい》に碩学《せきがく》の位《くらい》に致《いた》る

これらの人たちは皆、昼も夜も勉強をしたため、学問を好む空気が国中に満ちてきました。それによって碩学と呼ばれ、尊敬されるようになりました。

【解説】

中国の昔の偉い人たちがどういうふうに勉強をしたのかということが列挙されています。壁に穴を開けて月の光で勉強したとか、人が来ないように戸を閉めて誰も入れなかったとか、その勉強の仕方がなかなかユニークです。

蘇秦は眠くなったら錐を太股に刺して目を覚まし、俊敬に至っては縄を首に懸けて眠りそうになったら首が絞まるように工夫をしたというのですが、さすがにここまで行くと笑ってしまいます。

「蛍《ほたる》を聚《あつ》めて燈《ともしび》とす」と「雪《ゆき》を積《つ》みて燈《ともしび》とす」は「蛍の光窓の雪」のもとになった故事です。また、「冠の落つるを知らず」とか「麦の流るるを知らず」というのは、勉強に夢中になり過ぎて何が起こっているかに気づかなかったということでしょう。

衣を織りながら本をそらんじていたとか、腰に本を挟んだまま畑を耕していたというのは、二宮尊徳（金次郎）みたいなものでしょう。薪を背負って読書をする二宮金次郎の像は、勉強はどこでもできるということを教える象徴だと思います。

私は小学校六年の一年間、二宮金次郎の像を掃除する当番になりましたが、なかなかいい経験でした。その影響というのはあるもので、私はいつ本を読むかではなくて、本を読めない時間はいつかを考えるようになりました。その結果、トイレはもちろん、電車の中でも立って読み、お風呂でも読んでいました。

本多静六《ほんだせいろく》さんという東大で林学を学び、のちに日比谷公園などを作った有名な学者がいます。本多さんの自伝を読んでいたら、米をつきながら本を読むとリズムカルで暗誦しやすいという話が書いてありました。この逸話を知ったときも、何かをやりながらでも勉強はできるものだと思いました。

眠らないように錐を太股に刺したり、首に縄を懸けたりというのは、さすがにやり過ぎかもしれませんが、私は『巨人の星』や『あしたのジョー』を観て育った昭和世代なので、特訓というのが決して嫌いではありません。無茶をするといいことがあると考えて、うさぎ跳びもやりまくりました。

今でいえば「不適切にもほどがある」といったことになるのでしょうが、結局のところ、そういう馬鹿なことをやった経験のある人たちは、目に見えないところになんらかの力がついているようにも思います。それが自信になって、不合理な世の中を乗り切っていけるということもあるように感じています。

勉強でも仕事でも限界をつくらずにとことんまでやってみると、新たな自分を発見できるような気もしています。

縦《たと》え塞《さい》を磨《みが》き筒《つつ》を振《ふ》るとも
口《くち》には恒《つね》に経論《きょうろん》を誦《じゅ》せよ
又弓《またゆみ》を削《けず》り矢《や》を矧《は》げども
腰《こし》には常《つね》に文書《ぶんしょ》を挿《さ》しはさみ

たとえ双六《すごろく》のサイコロを磨いて筒に入れて振っているときでも、
口ではいつも仏の教えを唱えていなさい。
また弓を削って矢をつくり、戦いの準備をしているときでも、
腰には常に学問の本を挟んでいなさい。

**【解説】**

いつでもどこでも勉強はできます。双六のようなゲームをしていてサイコロを筒に入れて振っているときでも、口ではいつも「経論《きょうろん》」、つまり仏の教えを唱えていなさい、と。遊んでいるときでも、学ばなくてはいけないというのです。

古今亭志ん生《ここんていしんしょう》の『なめくじ艦隊』や『びんぼう自慢』という本には、東京の町を歩きながら耳で聞いた落語を何度も声に出して唱えて覚えたという話が書かれています。このように、机の前にいなくても、学ぶ姿勢を持っていれば勉強はできるということなのです。

また、弓矢を削って戦いの準備をしているときでも、腰には常に本を挟んでいなさい、とあります。戦いのときでも学問を忘れてはいけないということです。

第二次世界大戦の後半に、大学生たちが召集されて戦地に送られました。いわゆる学徒出陣です。このときに、学生たちがみんな本を持って出征したことが資料に記録されています。

その中の一人に京都大学の学生であった林尹夫《ただお》さんという方がいます。英語もフランス語もドイツ語もできる優秀な学生でした。卒業後も大学に残るように先生から勧められていて、本人も学問で身を立てるつもりでした。

いつ最前線に駆り出されて命を落としてしまうかわからないという厳しい状況の中で、林さんは戦場の兵舎の中で数多くの本を読んでいました。そして、その感想を日記に書いていきました。不幸にして林さんは戦死してしまうのですが、その日記が戦後にまとめられて『わがいのち月明《げつめい》に燃ゆ』という本になりました。私はその本を学生時代に読んで感動し、林さんの無念さを想像して、もっと勉強しなくてはいけないと気を引き締めました。

林さんだけではなくて、戦時下でも命ある限り学ぼうとした人たちがたくさんいました。日本は戦争に負けて焼け野原になりましたが、このような学ぶ気持ちを持った人たちがたくさんいた国だったからこそ、戦後、急速に復興できたのだと思います。

学ぶ気持ちのある国民がたくさんいる国は前向きで、活力にあふれています。逆にいえば、国民が学ぶ気持ちを失ったとき、国は衰退していくということでしょう。

張儀《ちょうぎ》は新古《しんこ》を誦《じゅ》して　枯木菓《こぼくこのみ》を結《むす》ぶ
亀耄《きもう》は史記《しき》を誦《じゅ》して　古骨《ここつ》に膏《あぶら》を得《え》たり
伯英《はくえい》は九歳《きゅうさい》にして初《はじ》めに
早《はや》く博士《はかせ》の位《くらい》に到《いた》る
宋吏《そうし》は七十《しちじゅう》にして初《はじ》めて
学《がく》を好《この》んで師伝《しでん》に昇《のぼ》る

張儀が新旧の文を口ずさむと、枯木に実がなりました。
亀耋が『史記』の一節を唱えると、
死者がよみがえって白骨に脂がのってきました。
伯英は九歳で学びはじめましたが、
すぐに才能を発揮して博士になりました。
宗吏は七十歳になってから学びはじめましたが、
熱心であったため師から直接学問を伝授されました。

【解説】

張儀《ちょうぎ》は非常に弁が立つ人で、新旧の文を口にすると枯木《こぼく》の林が一斉によみがえり、花が咲いて実を結んだという伝説の持ち主です。日本でいえば、花咲か爺さんみたいな存在といえるでしょうか。

ここに「誦す」という言葉が出てきます。これは「朗々《ろうろう》と口ずさむ」ことです。何度も声に出して読むことは勉強法の基本です。文章を声に出して読んで覚える暗誦は子どものするものと思いがちですが、大人こそ暗誦を勉強法の柱に置くといいと思うのです。

なぜならば、頭は使わずに放っておくとぼやけてくるものだからです。そして、頭を使うには音読が一番いいといわれています。音読して、なおかつ暗誦することは、脳を活性化するためのトレーニングとして実に効果的なのです。

亀耄《きもう》という人もまた博学雄弁で知られた人ですが、彼は『史記』を誦したとあります。『史記』は長いものですから、暗誦しているうちに死者がよみがえってきて、骨に脂がのって汗を滴《したた》らせたという言い伝えがあります。想像すると怖いような面白いような、映画にすれば傑作のゾンビ映画ができそうです。

現実にあったかどうかは別として、張儀と亀耄の伝説は、学問を究めていくと奇跡のような出来事が起こりうるということをいっているのでしょう。

次に、伯英《はくえい》という人は九歳から学びはじめて、師匠が各地で教授するのに文箱《ふばこ》を担いでついてまわって勉強したといいます。すると、すぐに学才を発揮して、曇りのない鏡が万物を明るく照らすようだといわれました。博士になった彼は七十人の門下生を抱え、その半数が高い位についたそうです。

逆に、宗吏《そうし》という人は七十歳になって学びはじめましたが、熱心に学んだため、師匠から直々に学問の手ほどきをされたとあります。

この二人の話は、学問をはじめるのに時期は関係ないということをいっているのでしょう。早くから学問に目覚める人もいれば、はじめるのが遅い人もいるけれども、学びたいという意欲を持ち続ければ、それにふさわしい結果がついてくるということです。

七十歳から先生について学びはじめるというのは、ほとんどの場合、年下の先生について学ぶということです。その意欲は大変なものだと思います。「年はとったけれど、それでも新しいことを学びたい」という意欲を示せば、先生も熱心に教えてくれるということでしょう。

私たちは何よりもこの姿勢に学ばなくてはいけません。

智者《ちしゃ》は下劣《げれつ》なりと雖《いえど》も　高台《こうだい》の客《かく》に登《のぼ》り
愚者《ぐしゃ》は高位《こうい》なりと雖《いえど》も　奈利《ないり》の底《そこ》に堕《お》つ
智者《ちしゃ》の作《つく》る罪《つみ》は
大《おお》いなれども地獄《じごく》に堕《お》ちず
愚者《ぐしゃ》の作《つく》る罪《つみ》は
小《ちい》さなれど必《かなら》ず地獄《じごく》に堕《お》つ
愚者《ぐしゃ》は常《つね》に憂《うれ》いを懐《いだ》く　譬《たと》えば獄中《ごくちゅう》の囚《とらわれびと》の如《ごと》し
智者《ちしゃ》は常《つね》に歓楽《かんらく》す　猶《なお》光音天《こうおんてん》の如《ごと》し

智恵ある者は、たとえ貧しい家に生まれたとしても、
高い位にまで登っていきます。
愚かな者は、たとえ高い位にいたとしても、
地獄の底まで堕ちていきます。
智恵ある者が大きな失敗をしたとしても、
地獄にまで堕ちることはありません。
愚かな者のおかした失敗は、
小さなものであっても必ず地獄に堕ちてしまいます。
愚かな人は常に何かを心配しています。
それは獄中の囚《とら》われている人のようです。
智恵ある人は常に楽しんでいます。
それは素晴らしく居心地のいい場所にいるようなものです。

【解説】

智恵のある者は貧しくても必ず上がっていくし、愚かな者は高い位にいても堕ちていく。これは現実に世の中を見てもよくある話です。失敗を恐れず前例のないことに意欲的にチャレンジしていく人が一躍脚光を浴びることがある一方、社会的に名声のある人が事業の失敗で没落し、評判を落としてしまうことがあります。

とりわけ仕事というのは難しいもので、世代が替われば需要と供給も変わりますから、三代続くのも大変なことです。先代のときはうまくいっていたけれども、後を継いだ人が工夫を怠って没落するケースもあるでしょう。時代は常に変化していきますから、智恵が足りないと堕ちていってしまうこともあるのです。

またここでは、智恵のある者がたまたま失敗しても再起できるけれども、愚かな者が失敗すると地獄にまで堕ちるといっています。智者と愚者とでは同じようなミスをしてもずいぶん扱いが違うのです。これはどういうことでしょうか。

要するに、智者というのは道理がわかって努力をしている人なのです。そういう向上心を持っている人は、たまたまミスしても軌道修正して、再び上がっていくことができるのです。これに対して、愚かな人は学ばないので、同じミスを繰り返してしまいます。孔子が「過《あやま》ちて改めざる、是《こ》れを過ちと謂《い》う」（『論語』衛霊公篇）といっていますが、失敗したらそれを反省して繰り返さないことは人間の成長と成功のための大事な要件です。同時に、向上心を持って臨む人には、周りの人も好意的に接してくれるということもあるでしょう。

智者と愚者の違いは地頭《じあたま》がいいとか素質がいいということではありません。意欲を持って学び続けている人を智者といい、学ぶ意欲のない人を愚者といっているのです。

学ばない人はくよくよしがちです。自分の内に閉じこもり、世間が見えません。だから、それは獄中にいるようなものだ、というのです。反対に、向上心を持っている人はくよくよしません。気持ちが外に向いていますから、いつも気分が晴れ晴れとしています。それは天上にいるように居心地がいいことなのだというのです。

どうせなら、気分良く毎日を過ごしたいものです。そのためには学ばなくてはいけないということです。

## いくら感謝してもしきれない父母の恩

父《ちち》の恩《おん》は山《やま》より高《たか》し　須弥山《しゅみせん》尚《なお》下《ひく》し
母《はは》の徳《とく》は海《うみ》よりも深《ふか》し　滄溟海《そうめいかい》還《かえ》って浅《あさ》し
白骨《はくこつ》は父《ちち》の淫《いん》　赤肉《しゃくにく》は母《はは》の淫《いん》
赤白二諦《しゃくびゃくにたい》和《わ》して　五体身分《ごたいしんぶん》と成《な》る
胎内《たいない》に処《お》ること十月《とつき》　身心《しんしん》恒《つね》に苦労《くろう》し
胎外《たいげ》に生《う》まれて数年《すうねん》　父母《ふぼ》の養育《よういく》を蒙《こうむ》る
昼《ひる》は父《ちち》の膝《ひざ》に居《い》て　摩頂《まちょう》を蒙《こうむる》ること多年《たねん》
夜《よる》は母《はは》の懐《ふところ》に臥《ふ》して　乳味《にゅうみ》を費《ついや》すこと数斛《すうこく》

父の恩は山よりも高く、仙人が住むという須弥山すら低く見えます。
母の徳は海よりも深く、どんなに青く広い海でも浅く感じます。
骨は父の名残、肉は母の名残、
五体は父母の体を半分ずつ継いでできています。
胎内に十か月いる間、母は身心を削る苦労をしています。
胎外に生まれ出ると、数年は父母に養い育ててもらいます。
昼は父の膝に座って頭をなでてもらうことが何年も続き、
夜は母の懐に寝て何升ものお乳を飲ませてもらいます。

**【解説】**

父の恩は山よりも高く、母の恩は海よりも深いという話です。私たちは父母のDNAを半分ずつ受け継いで生まれてきて、胎内にいるときも生まれたあとも長い間、養育してもらいます。それを考えると、父の恩は仙人が住むような高い山よりも高いものだし、母の恩は海よりも深いものといってもおかしくはないでしょう。

今の時代も、尊敬する人物を聞くと両親を挙げる若い人は意外とたくさんいます。一方では「毒親」といわれるような親もいて、子どもの発達に悪影響を与えているケースもあります。その意味では、みんながみんな良い父母に恵まれているとは限らないし、みんながみんな良い親になるとは限らないのですが、それでも大体の親は大変な苦労をして子どもを育てています。

それは親としての当然の務めで、そのことに対して恩返しをしてほしいと思っている親はあまりいないと思います。でも、子どものほうは両親にお世話になったという気持ちを抱くべきでしょう。そして、それは自分自身を大切にすることにもつながると思います。

『孝経《こうきょう》』には「身体髪膚《しんたいはっぷ》、之《これ》を父母《ふぼ》に受《う》く。敢《あえ》て毀傷《きしょう》せざるは、孝の始めなり」という言葉があります。自分の体は父母から授かったものだから傷つけるようなことをしてはいけないというのです。このように自分の体だけれど自分だけの体ではないと思うことが自分を大事にすることにつながります。

年齢が行けば自分が親になる機会もあります。すると、親がいかに自分に良くしてくれたかがわかります。子どものいない人はいますが、親のいない人はいません。早くに亡くなったとしても、振り返れば親への思いは誰にでもあるはずです。

私は二十代の頃に柳田鶴声さんという方が主宰する栃木県にある瞑想の森内観研究所で内観法を体験したことがあります。屏風《びょうぶ》に囲まれた中で親からしてもらったことを丁寧に思い返し、次に自分が親にして返したことを思い出していくのですが、その割合は百対一ぐらいの差がありました。子どもは親から何もかもしてもらってばかりだなと思いました。親とは大変なものだと気づくと感謝の念があふれました。内観を終えた私の心はすっきりして、すごく元気が出てきたことを覚えています。

朝《あした》には山野《さんや》に交《まじ》わりて
蹄《ひづめ》を殺《ころ》して妻子《さいし》を養《やしな》う
暮《くれ》には紅海《こうかい》に臨《のぞ》みて
鱗《うろくず》を漁《すなど》って身命《しんめい》を資《たす》く
旦暮《たんぼ》の命《いのち》を資《たす》けん為《ため》に
日夜悪業《にちやあくごう》を造《つく》りて
朝夕《ちょうせき》の味《あじわい》を嗜《たしな》まんとす
多劫地獄《たこうじごく》に堕《お》つ

朝は山に入って獣を殺して妻子を養っています。
夕方には大河で魚を獲って命をつないでいます。
毎日の生活のために殺生《せっしょう》という悪い業をつくって、
朝夕のご飯をいただいています。
地獄に堕ちても不思議ではありません。

**【解説】**

ここでは仏教の殺生の考え方が述べられています。仏教の信者が守るべき「五戒」のなかに「不殺生」があります。「無益な殺生をしてはいけない」ともいいます。仏教において殺生は大きな罪なのです。

しかし現実には、私たち人間のほとんどは、動物を殺し、魚を獲り、それらを食べて暮らしています。それは日夜、悪業をつくっていることだから、地獄に堕《お》ちてもおかしくないといっているのです。

宮沢賢治は、動物を殺して生きる人間のあり方を問うた『なめとこ山の熊』や、弱肉強食の世界の過酷さを描いた『よだかの星』など、食物連鎖をテーマとする作品を書いています。

また、『ビジテリアン大祭』という菜食主義をテーマにした童話もあります。ビジテリアンは現在の表記ではベジタリアンですが、大正時代にこの言葉を使っていたのは先進的だと思います。宮沢賢治は法華経を信仰し、自身もベジタリアンだったのです。

完全なベジタリアンで動物や魚は食べないという方もおられます。野菜だけ食べて暮らしていくことができるのならば、それはそれで素晴らしいことだと思います。明治以降の日本は西洋化の影響で生活習慣が変わり、今では高齢者でも時々はステーキなどの肉を食べるほうが長生きできるという説もあるほどです。日本人の食生活に肉食は完全に定着しています。

私も焼肉を食べますし、ウナギも好きです。仏教の考えによれば日々悪業をつくっているわけですけれども、人間の大半はそのようにして生きているのが現実だと思います。だから、殺生はやめましょうとは軽々しくいえません。

殺生をしないという観点からいえば、ベジタリアンになれるのならばそれに越したことはないのですが、それができないのならば、せめて感謝をしていただくことを忘れないようにしなければならないということを『童子教』の言葉は教えているのだと思います。

大事なのは、自分が殺生をして生きている身であることを自覚することです。そのうえで、動物の命をいただいていることを意識し、感謝するということです。同時に、食べ物を無駄にしてはいけないということも忘れてはいけないでしょう。これらのことは子どもたちにもしっかり伝えていかなくてはいけません。現在行われている食育も、それを目的としているのだと思います。

―受けた恩は必ず返さなくてはいけない―

恩《おん》を戴《いただ》きて恩《おん》を知《し》らざるは
樹《き》の鳥《とり》の枝《えだ》を枯《か》らすが如《ごと》く
徳《とく》を蒙《こうむ》りて徳《とく》を思《おも》わざるは
野《の》の鹿《しし》の草《くさ》を損《そん》ぜしむるが如《ごと》し

恩を受けたのに忘れてしまうのは、
樹に止まって休む鳥が枝を枯らしてしまうようなものです。
徳を受けたのに忘れてしまうのは、
野草を食べて生きている鹿が草をだめにしてしまうようなものです。

【解説】

恩は返さなくてはならないということをいっています。鳥は木の枝にとまって休んだり木の実を食べています。それなのに枝を枯らしてしまうとしたら、恩を知らないといわれてもしかたがありません。また、鹿は野の草を食《は》んで生きているのに、それをだめにしてしまうのは恩を忘れた行為です。

恩というと普通は人から受けた恩を思います。しかし、それだけではなくて、社会から受けた恩もあります。私は日本の社会から受けた恩を感じています。

まず、日本には学校教育がしっかりと制度化されていますから、その中でいろいろなことを段階的に学べました。世界を眺めれば学校に行きたくても行けない子どももも多いのです。学校は社会インフラとして非常に大きなものです。

子どもは学校で学ぶことによって言葉の読み書きができるようになり、物事を論理的に考えられるようになります。仕事ができるようになるのも、学校教育の中で蓄積された知識や経験が基礎になります。

そう考えると、税金を国に納めるのは当然の行為ですし、税金がかからないタックス・ヘイブンに会社をつくるというのは恩知らずということになります。日本社会のおかげで成功したのであれば、日本社会に恩返しをするべきなのです。

私は日本語で考えることができて幸せです。NHK Eテレの『にほんごであそぼ』という番組の総合指導をしているのも、日本語に対する恩返しの気持ちです。

このように、恩返しの対象は人だけではなくて、自分がお世話になった地域社会や国も含まれると思うのです。むしろ自分のアイデンティティに関わるものをつくってくれた場所に恩を返していくことが大事なのではないでしょうか。ふるさと納税というのも、本来、そういう趣旨のものでしょう。

アメリカでは学校の卒業生が社会的な成功を遂げると、自分の出身校に多額の寄付をします。そのため、ハーバードやスタンフォードなどの有名大学には寄付によって潤沢な資金がプールされていて、それを施設や研究に回しています。これは立派な恩返しといっていいでしょう。

――親孝行をすると運が開ける――

酉夢《ゆうむ》其《そ》の父《ちち》を打《う》てば　天雷《てんらい》其《そ》の身《み》を裂《さ》く

酉夢は父親と争って棒で殴って殺してしまいました。するとにわかに雲行きが怪しくなり、雷が落ちて酉夢の体を引き裂きました。

班婦《はんぷ》其《そ》の母《はは》を罵《ののし》れば　霊蛇《れいじゃ》其《そ》の命《いのち》を吸《す》う

班婦が母親をののしると、蛇の霊が現れて班婦の命を吸い取ってしまいました。

郭巨《かくきょ》は母《はは》を養《やしな》わん為《ため》　穴《あな》を掘《ほ》って金《こがね》の釜《かま》を得《う》

郭巨は母の孝養のために穴を掘っていたら、金でできた釜を掘り当てました。

姜詩《きょうし》は自婦《じふ》を去《さ》って　水《みず》を汲《く》むに庭泉《ていせん》を得《う》

姜詩は母のために遠くまで水を汲みに行っていたところ、庭から水が湧き出して泉になりました。

孟宗《もうそう》は竹中《ちくちゅう》に哭《なげ》きて　深雪《しんせつ》の中《なか》に筍《たけのこ》を抜《ぬ》く

孟宗が真冬に母のために筍を探していると、深い雪の中から筍が出てきました。

王祥《おうしょう》歎《なげ》きて氷《こおり》を叩《たた》けば　堅凍《けんとう》の上魚《うえうお》踊《おど》る

王祥が父の好物の魚が獲れずに嘆いて氷をたたくと、氷の上に魚が躍り上がってきました。

舜子《しゅんし》は盲父《もうふ》を養《やしな》いて　涕泣《ていきゅう》すれば両眼《りょうがん》開《ひら》く

舜子が失明した父親を見て泣いていたら、父親の両眼が開きました。

刑渠《けいきょ》は老母《ろうぼ》を養《やしな》いて

食《しょく》を噛《か》みて齢若《よわいわか》く成《な》る

刑渠が年老いた母のために食べ物をかみ砕いて与えていたら、母親は若返りました。

董永《とうえい》は一身《いっしん》を売《う》りて　孝養《こうよう》の御器《ぎょき》に備《そな》う

董永は自分の身を売って、父親の葬儀の費用を捻出しました。

楊威《ようい》は独《ひと》りの母《はは》を念《おも》いて
虎《とら》の前《まえ》に啼《な》きて害《がい》を免《のが》る

楊威が山で出くわした虎の前で「自分が死んだら誰も母を養う者がいない」と泣いて訴えると、虎は黙って立ち去りました。

顔烏《がんう》墓《はか》に土《つち》を負《お》えば
烏《からす》来《き》たりて運《はこ》び埋《うず》む

顔烏が父の墓に土を運んでいると、カラスが飛んできて埋葬を手伝ってくれました。

許牧《きょぼく》自《みづか》ら墓《はか》を作《つく》るに

松柏《しょうはく》植《う》わりて墓《はか》と作《な》る

許牧が土を運んで親の墓をつくっていると、
松と柏の木が自然と生えてきて立派な墓になりました。

此等《これら》の人《ひと》は皆《みな》　父母《ふぼ》に孝養《こうよう》を致《いた》せば

仏神《ぶっしん》憐愍《れんみん》を垂《た》る　望《のぞ》む所《ところ》悉《ことごと》く成就《じょうじゅ》す

これらの人たちは皆、父母に孝行を尽くしたので、
仏や神があわれんで、望みを成就させたのでしょう。

【解説】

ここには親への恩を忘れた人と親孝行をした人たちの逸話が羅列されています。最初の西夢《ゆうむ》が父親と喧嘩をして殺してしまったら雷が落ちて身を裂かれたという話と、班婦《はんぷ》が母親をののしったら蛇に命を吸い取られたという話は、恩知らずの結果、災いが降り注いだということです。

それ以外はすべて親孝行な人たちの話です。郭巨《かくきょ》、姜詩《きょうし》、孟宗《もうそう》、王祥《おうしょう》はいずれも父母のために孝行をしていたら、思いがけないラッキーな出来事が起こりました。金の釜を掘り当てたとか、庭から水が湧いてきたとか、深い雪の中からタケノコが出てきたとか、氷の上に魚が躍り上がってきたとか、孝行をする者には普通ではありえない運のいいことが起こるということをいっているのでしょう。

舜子《しゅんし》が目の見えなくなった父親を不憫《ふびん》に思って泣いていたら目が見えるようになったとか、刑渠《けいきょ》が母のために食べ物をかみ砕いて与えていたら母が若返ったというのも、現実にはありえませんが、昔の子どもたちはこうした話を面白がりながら、親孝行の大切さを学んでいったのでしょう。

虎の前で「自分が死んだら母親を養う者がいなくなってしまう」と訴えたら虎が黙って去っていったという楊威の話などは、小さな子どもであれば本気で信じるのではないでしょうか。董永《とうえい》、顔烏《がんう》、許牧《きょぼく》の亡くなった親に対して孝行を尽くす話も、それぞれ読む者に訴えかける内容です。

私は「孝」という名前をもらっているので、小学生の頃から毎年、両親の結婚記念日などには自分が貯めたお金で記念品を買っていました。それをずっと続けていたせいか、両親が亡くなるまで、生涯にわたって気持ちのいい親子関係を築けたと思っています。自分でも親孝行な息子であったと感じます。だから、子どもには「孝」という字を名前につけると案外いいのではないかと思っているのです。

世話になった人に恩を返していくという気持ちで生きることによって「仏神憐愍《ぶっしんれんみん》を垂《た》る 望《のぞ》む所 悉《ところことごと》く成就《じょうじゅ》す」となるわけです。現実の親子関係ではいいことばかりあるわけではないかもしれません。しかし、親を恨みに思うよりは感謝をするほうが、結局のところ、自分のためになるように思うのです。

生死《しょうじ》の命《いのち》は無常《むじょう》なり
早《はや》く欣《ねが》うべきは涅槃《ねはん》なり
煩悩《ぼんのう》の身《み》は不浄《ふじょう》なり
速《すみ》やかに求《もと》むべきは菩提《ぼだい》なり
厭《いと》うても厭《いと》うべきは娑婆《しゃば》なり
会者定離《えしゃじょうり》の苦《く》
恐《おそ》れても恐《おそ》るべきは六道《ろくどう》なり
生者必滅《しょうじゃひつめつ》の悲《かな》しみ

生き死にする命は常に移り変わるものです。
だから、早く悟りの境地にいたることを願うべきです。
煩悩にまみれた人間の身は清らかなものではありません。
だから、すぐにでも智恵を身につけるべきです。
もっとも遠ざけるべきなのは、欲望渦巻くこの世です。
そこには会った者が必ず別れなければならないという苦しみがあります。
もっとも恐れるべきなのは、
地獄・餓鬼《がき》・畜生《ちくしょう》・修羅《しゅら》・人間・天の六つの世界です。
そこには生きている者は必ず死んでしまうという悲しみがあります。

**【解説】**

無常とは「常ならぬ」ということです。「パンタレイ」というギリシャ語があります。哲学者のヘラクレイトスが「同じ水に二度入ることはできない」といって唱えた概念で、日本語では「万物流転《ばんぶつるてん》」と訳します。これも同じ形ではあり得ないということをいっています。

「会者定離《えしゃじょうり》」とあるように、会えば別れるのが人の常です。また「生者必滅」とあるように、生きている者は必ず滅びていきます。そういう無常を思い、欲を落としたときに輪廻《りんね》が止まるというのが仏教の教えです。欲があるうちは、地獄・餓鬼・畜生《ちくしょう》・修羅《しゅら》・人間・天《てん》の六道《ろくどう》に輪廻転生《りんねてんしょう》する、つまり繰り返し生まれ変わるというのです。想像しただけで大変疲れますね。

私たちにはリアルに感じにくい話ですが、欲にまみれて執着に取り憑《つ》かれていると疲れるというのは確かにそうだろうと思います。だから、その煩悩を支配しているこの世から心を離すことが大事だといっているのです。

身近なところでいえば、一日でもスマホから離れてみるだけでも、ずいぶん心が和らかになります。

私はX（旧ツイッター）をやっていますけれども、コメントは書き込めない設定にしています。「本にするほどではないけれど、思いついたことを発信したい」というときにポストしていますが、それは誰かが見て喜んでくれるかもしれないと思うからです。でも、そこにいろいろな書き込みがあると心が乱れてしまうと思うので、一定の距離を取るために書き込みはできないようにしているわけです。

匿名掲示板ができてから、言葉で人を傷つけてしまう機会が多くなっています。他人の投稿を見て自分の煩悩が刺激されて、深く考えもせずに誹謗《ひぼう》中傷に近いような書き込みをしてしまう人がいます。そういう人は、『童子教』が指摘するように、速やかに智恵を身につけるべきです。

その一つの方法が、ひとまずスマホやSNSから離れることです。気持ちが高ぶっているときには冷静になる必要があります。気持ちを落ち着けるために、そうしたものから身を離す工夫も求められます。

自分の煩悩をコントロールする手段を持たない人は、常に心が乱れて、落ち着かない人生になってしまいかねません。

寿命《じゅみょう》は蜉蝣《ふゆう》の如《ごと》し　朝《あした》に生《う》まれて夕《ゆうべ》に死《し》す
身体《しんたい》芭蕉《ばしょう》の如《ごと》し　風《かぜ》に随《したが》って壊《やぶ》れ易《やす》し
綾羅《りょうら》の錦繍《きんしゅう》は　全《まった》く冥途《めいど》の貯《たくわ》えに非《あら》ず
黄金珠玉《おうごんしゅぎょく》は　只一世《ただいっせ》の財宝《ざいほう》
栄花栄耀《えいがえいよう》は　更《さら》に仏道《ぶつどう》の資《たす》けに非《あら》ず
官位寵職《かんいちょうしょく》は　唯現世《ただげんぜ》の名聞《みょうもん》
亀鶴《きかく》の契《ちぎ》りを致《いた》す　露命《ろめい》消《き》えざる程《ほど》
鴛鴦《えんおう》の衾《ふすま》を重《かさ》ぬるも　身体《しんたい》の壊《やぶ》れざる間《あいだ》

人の寿命はカゲロウのように朝に生まれ夕には死んでしまうほどはかないものです。
人の体はバショウの葉が風で壊れてしまうのと同様にあっけなく壊れてしまいます。
いくら美しく飾られた服も、冥途の旅の貯えにはなりません。
黄金や宝玉も、この世限りの財宝にすぎません。
この世でいかにきらびやかに栄えても、仏の道を悟る助けにはなりません。
官位や王に取り立てられて就いた職は、この世で評判になるだけのものです。
長生きの亀や鶴の夫婦の契りも、はかない命のある間だけのことです。
おしどり夫婦がどれだけ仲良くても、この世に体がある間だけのことです。

**【解説】**

ここでは「はかなさ」ということについて、いろいろな例を挙げて述べています。
まず人間の寿命については、いくら長いと思っても、宇宙の営みから見ればカゲロウが朝に生まれて夕には死んでしまうような短いものだといっています。

また、人間の体にしても、バショウの葉が風に吹かれて簡単に破れてしまうように、事故や災害などに遭えば、あっけなく失われてしまいます。バショウはバナナと同じバショウ科の植物で、大きな葉を持っています。そのため、強い風にあおられるとすぐに破れてしまうのでしょう。人間もそれと同じだといっているのです。

あるいは、「稜羅《りょうら》の錦繍《きんしゅう》」きれいな着物や、黄金や宝玉も、その価値はこの世にいる間だけのものだといっています。栄耀栄華《えいようえいが》を極めても、それが悟りの役に立つわけではないし、いくら高い位についても、それはこの世での評判でしかないのです。

さらに、鶴や亀は長生きだというけれど、その夫婦の契りは命のある間だけのものです。おしどり夫婦の仲の良さも、互いの体がある間だけなのです。

このように、この世は無常であるということを「これでもか」というくらい書き連ねています。この世に確かなものなどないと思えば、金銭や物や地位や名誉に執着しても仕方がないという気持ちになるかもしれません。よく言われるように、いくらお金を貯め込んでも、あの世にまでは持っていけないのです。そこに気づくと、人間はゆったりと安らかな気持ちになれるということではないでしょうか。

この世ははかないものだと認識することによって、私たちは一日一日を丁寧に生きようという気持ちになれるのです。私たちがこの世にいる時間はそれほど長くはないと思えば、自分の欲望を満たすためにお金持ちになるよりも、一人の人間として「世のため人のために役立つ」生き方を目指そうと考える人も出てくるでしょう。

このような観点から、生きている間に自分には何ができるのかということを考えると、生き方がぶれないように思います。

また、仲の良い夫婦が一緒にいられるのも命がある間だけだと思えば、お互いをもっと慈しんで生きようという気持ちになるかもしれません。その結果として、いつか死を迎えるときに「楽しかったな」といって死んでいくことができれば、これほどの幸せはないと思うのです。

## ――どんな力も現世限り、あの世では通用しない――

忉利摩尼殿《とうりまにでん》も　遷化《せんげ》の無常《むじょう》を歎《なげ》く
大梵高台《だいぼんこうだい》の客《かく》も　火血刀《かけっとう》の苦《くる》しみを悲《かな》しむ
須達《しゅだつ》の十徳《じっとく》も　無常《むじょう》に留《とど》まること無《な》し
阿育《あいく》の七宝《しっぽう》にても　寿命《じゅみょう》を買《か》うに無《な》し
月支《がっし》の月《つき》を還《かえ》せし威《いきおい》も　琰王《えんおう》の使《つか》いに縛《しば》らる
龍帝《りゅうてい》の龍《りゅう》を投《な》ぐる力《ちから》も　獄卒《ごくそつ》の杖《つえ》に打《う》たる

願いを叶える宝珠の力によっても高僧の死は避けられず、
嘆くしかありません。
天上の御殿に招かれる客たちも、
地獄で苦しむ人を見て悲しんでいます。
須達が身につけている十の徳によっても無常には逆らえません。
阿育王の持つ七つの宝を使っても寿命を買うことはできません。
沈む月を昇らせるほど勢いのある月支でも、
閻魔《えんま》大王の使いに縛られてしまいます。
龍を投げ捨てるほどの力を持つ龍王も、
地獄の鬼の杖で打たれてしまいます。

**【解説】**

人間は誰もこの世の無常には逆らえないということを述べています。現世でどれだけ力を持っていても、あの世へ行けばその力は無になってしまうということです。ここでは、その具体的な人名や力の例が挙げられています。

「忉利《とうり》」は、仏教の三界の一つである欲界にある欲にとらわれた世界です。「摩《ま》尼《に》」は、如意《にょい》とか宝珠といわれる願いを叶えてくれる玉のこと。「遷化」は、一般には地位の高いお坊さんが死んでしまうことをいいます。

つまり、願いを叶えてくれる玉をもってしても、高僧が亡くなるという無常は避けられない。だから嘆くしかできないといっているのです。

次の「大梵《だいぼん》」は、三界の一つである色界にある十八天のうちの第三の天・大梵天のことで、「大梵高台」とはきらびやかな御殿をたとえています。また「火血刀《かけつとう》」とは地獄・畜生・餓鬼の世界で苦しむということをいっています。

つまり、天上の御殿に招かれているような立派な客でも、地獄で苦しむ人を見れば悲しむことになるといっているのです。

「須達《しゅだつ》」は古代インドの富豪・スダッタのことです。彼はとても憐《あわ》れみ深い人で、お釈迦様の説法に感動して、お釈迦様に寄進をして祇園精舎《ぎおんしょうじゃ》を建立《こんりゅう》しました。そんな信心深いスダッタの十の徳をもってしても無常には逆らうことができないのです。

「阿育《あいく》」は古代インドのアショーカ王のことです。偉大なアショーカ王の持っている七つの宝を使っても寿命は買えないのです。

「月支《がっし》」は天竺《てんじく》のあたりにいた民族のようで、沈もうとする月を昇らせてしまうほど勢いがあったそうです。そんな勢いのある月支でも、あの世に行けば閻魔大王の使いに捕縛されてしまうというのです。

そして「龍帝《りゅうてい》」は龍を放り投げるほどの力を持っているけれども、死んでしまえば地獄の鬼に杖で打たれてしまいます。これも、この世でいくら勢いを持っていても、あの世では通用しないということをいっているのでしょう。

このように、この世でどんなに力がある人でも、それは現世限りのものにすぎません。あの世へ行ってしまえばそんな力を揮《ふる》うことはできないのだといって、この世の無常をはかなんでいるのです。

## ――人のために施すことが自分のためになる――

人尤《ひともっと》も施《ほどこ》し行《おこな》うべし　布施《ふせ》は菩提《ぼだい》の粮《かて》
人最《ひともっと》も財《ざい》を惜《お》しまざれ　財宝《ざいほう》は菩提《ぼだい》の障《さわ》り
若《も》し人貧窮《ひとひんきゅう》の身《み》にて　布施《ふせ》すべき財無《ざいな》くんば
他《た》の布施《ふせ》する時《とき》を見《み》て　随喜《ずいき》の心《こころ》を生《しょう》ずべし
悲心一人《ひしんいちにん》に施《ほどこ》せば　功徳大海《くどくたいかい》の如《ごと》し
己《おのれ》が為《ため》に諸人《しょにん》に施《ほどこ》せば
報《むく》いを得《う》ること芥子《けし》の如《ごと》し

人は何よりも施しを行うべきです。
布施は悟りの糧《かて》になるものです。
人は財を差し出して布施をするのを惜しんではいけません。
財宝を独り占めすると悟りの障りとなります。
もし貧しくて布施をするほどの財がなければ、
他人が布施をするのを見て一緒に喜びなさい。
慈悲の心をもって一人の人に施せば、
その功徳は海のように大きなものです。
自分のためだけを考えて多くの人に施しても、
その報いは芥子粒のように小さなものでしかありません。

**【解説】**

ここでは積極的に施しを行いなさいということを述べています。最初に「布施《ふせ》は菩提《ぼだい》の粮《かて》」とあります。菩提とは悟り、あるいは悟りの智恵といった意味ですから、布施をすることによって悟りに近づくことができるといっているのです。

何よりも布施をするということが一つの貢献になるのだから、布施をすることを惜しんではいけないというのです。それなのに布施を惜しんで、自分の欲のために財宝を貯め込むというのは、悟りの妨げになるというわけです。

では、自分が貧しくて布施をするほどの余裕がない人はどうすればいいのでしょうか。そういう人は、他人が布施するのを一緒に喜べばいいといっています。それが貢献になるということです。

布施の額の多少は問題ではないということは、親鸞《しんらん》もいっています。大事なのは、布施の気持ちを持つということです。

次に「悲心」とあるのは慈悲心のことです。仏教でいう「悲」には別に悲しむという意味があるわけではありません。だから、「悲心一人に施せば《ひしんいちにんにほどこせば》」というのは、たった一人に施しをするのでも、慈悲の心をもって行いなさいということです。そうすれば、その功徳は海のように大きなものになるというのです。

逆に、たくさんの人に施しても、「己《おのれ》が為《ため》に諸人《しょにん》に施《ほどこ》せば」それが自己満足を目的として行うものであれば、芥子粒《けしつぶ》のように小さな報いしかないといっています。

誰かのために、という思いが大事なのです。

マザー・テレサもいわれていますが、自分の功名心のために寄付をするのは意味がないということです。旅行中に小銭が余ったから寄付をするというような場合も、マザー・テレサは受け取らなかったそうです。

なんのために施しをするのか、その元の気持ちが大事だということです。自分のためだけを思って多くの人に施しをしても、それは大したことではないといっているのです。それよりは、たった一人の人にでも慈悲の心をもって施すほうが大きな功徳《くどく》になるのです。

だから、自分には施すほどのものが何もないのならば、他人が施すのを見て一緒に喜びなさいといっているわけです。そういう気持ちが慈悲心であり、人間が生きていくうえでは、それが何よりも大事なのだということをいっているのです。

## ——すべての人に悟りの道は開かれている——

砂《すな》を聚《あつ》めて塔《とう》と為《な》す人《ひと》は
早《はや》く黄金《おうごん》の膚《はだえ》を研《みが》く
花《はな》を折《お》って仏《ほとけ》に供《きょう》する輩《ともがら》は
速《すみ》やかに蓮台《れんだい》の趺《はなぶさ》を結《むす》ぶ
一句信受《いっくしんじゅ》の力《ちから》
転輪王《てんりんおう》の位《くらい》に超《こ》えたり
半偈聞法《はんげもんほう》の徳《とく》は
三千界《さんぜんかい》の宝《たから》に勝《まさ》れり

上《かみ》は須《すべから》く仏道《ぶつどう》を求《もと》むべし
中《なか》ばは四恩《しおん》を報《ほう》ずべし
下《しも》は偏《あまね》く六道《ろくどう》に及《およ》ぶ
共《とも》に仏道《ぶつどう》を成《じょう》ずべし

砂を集めて塔をつくろうとする人は、仏様の肌を研いているようなものです。
花を折って仏様に供える信心の厚い人は、蓮華《れんげ》の台座で花を咲かすことができます。
短い一句でも信じる力を持てば、転輪王の位を超えることができます。
仏様の教えを伝える半偈に耳を傾ければ、その徳は三千世界の宝に勝っています。
上級者はひたすら仏道修行をしなさい。
中級者は四恩に報いるように努めなさい。
下級者は六道を繰り返し巡りなさい。
そうすれば身分にかかわらず仏の道にいたることができます。

【解説】

子どもが遊びで砂の仏塔をつくるような小さな作業に心を込める人は、仏様の黄金色の肌を研くようなもので功徳があるといっています。また、花を折って仏様に供える信心深い人は、努力が実を結んで、仏様の坐る蓮華の台座で花を開かせることができるともいっています。

砂を集めるとか花を供えるというのは、どちらもささやかな行為です。しかし、そういう小さな功徳を積み上げることが大事だということです。

また、仏様の教えを信じる力を持てば、輪転王というインドの伝説の王様の位を超えることができるし、それを聞くだけでも、三千世界の宝よりも勝れた徳を手にすることができるといっています。教えを信じたり、それに耳を傾けたりするだけでも、真摯《しんし》な態度で臨めば大きな意味があるということでしょう。

このように、自分ができる範囲のことを一所懸命に行って小さな功徳を積み上げることが大事なのです。そうすれば、必ずそれは報われるといっているのです。

次の「上《かみ》は須《すべから》く仏道《ぶつどう》を求《もと》むべし　中《なか》ばは四恩《しおん》を報《ほう》ずべし　下は遍《あまね》く六道《ろくどう》に及ぶ　共に仏道を成ずべし」というのも、上級・中級・下級と方法に違いはあるけれども、自分のできることを精いっぱい続ければ仏の道にいたることができるのだといっています。「四恩《しおん》」とは、一般に、父母の恩、衆生の恩、国の恩、三宝（仏・法・僧）の恩を指すようです。中級者はこの四つの恩に報いるようにしなさいというわけです。また、六道はすでに何度か出てきましたが、地獄・餓鬼・畜生・修羅・人間・天という六つの道をいいます。下級者はこの六つを繰り返し巡ることによって、仏の道にいたることができるといっています。

ここで示しているのは、なんでも本気でやれば、誰にでも救いはあるということでしょう。大金を布施するのだけがいいわけではないのです。砂を集めて仏塔をつくってもいいし、花を仏像に供えて祈ってもいいし、南無阿弥陀仏というような短い句を真心を込めて唱えてもいい。自分のできることを誠実に続けていくことによって、仏の道に行くことができると教えているのです。つまり、本気になってそういう生き方を貫けば、誰にでも悟りの道が開けるといっているのです。

幼童《ようどう》を誘引《ゆういん》せんが為《ため》に

因果《いんが》の道理《どうり》を註《ちゅう》す

内典外典《ないでんがいでん》より出《い》だす

見《み》る者《もの》誹謗《ひぼう》すること勿《なか》れ

聞《き》く者《もの》笑《わら》いを生《しょう》ずることなかれ

この『童子教』は、幼い子どもたちを正しい生き方へと誘《いざな》うために、この世の中の因果の道理を説いたものです。

採り上げた言葉は、仏教もあれば儒教もあります。

また、日本のものも外国のものもあります。

それらを見て悪口を言ってはいけません。

それらを聞いて笑ってはいけません。

(その奥にある教えをしっかり学んでください)


**【解説】**

『童子教』の最後にある言葉です。この『童子教』という本は、この世の因果の法則を説いて、幼い子どもを正しい生き方に誘うことを目的にしてつくられたものだということをいっています。

童子とあるように、もともとは子ども向けに書かれていますが、そこに説かれているる数々の教えは、大人にとっても改めて学ぶだけの価値のあるものが数多く含まれています。『童子教』を読めば、あくせく働くうちに汚れてしまった心を再びまっさらにする機会にもなるのではないかと私は思っています。

子どもに生き方の基本を説いたものですから、大人が読むと「こんなことは当たり前じゃないか」と思うかもしれません。しかし、そんな基本的なことを忘れてしまっている大人も多いのではないでしょうか。あるいは、現実はそううまくはいかないよ、とあきらめている方もいるかもしれません。

むしろそういう大人にこそ、読んでいただきたいと私は思うのです。そして、日本人が何を大切にして生きてきたのかを思い出していただきたいのです。そういう意味で、『童子教』は大人にとっても生き方の柱になるものなのです。

中には本当か嘘かわからないような話も書かれています。むしろ、これは作り話だろうと思うような話も含まれていますが、それを馬鹿にしたり、笑ったりしてはいけないといっています。

大切なのは、そういう話の奥にある教えです。だから、おかしな話だと思っても、「これは何を教えようとしているのだろうか」と想像力を働かせて読んでほしいのです。そうすれば、人間が生きていく上で欠かすことのできない智恵が浮かび上がってくるはずです。

その意図するところをしっかり理解することによって、良い生き方を身につけることができるのです。それは年齢には関係ありません。六十を過ぎたからといって、もう学ばなくてもいいということはないのです。

この中に書かれていたように、学びたいという気持ちがあれば、いつからでも、どこにいても、学ぶことができるのです。

## ――『童子教』素読用読み下し文――

夫《そ》れ貴人《きに(じ)ん》の前《まえ》に居《い》ては　顕露《けんろ》に立《た》つことを得《え》ず

道路《どうろ》に遇《お》うては跪《ひざまず》いて過《す》ぎよ

召《め》す事《こと》有《あ》らば敬《うやま》って承《うけたまわ》れ

両《りょう》の手《て》を胸《むね》に当《あ》てて向《む》かえ　慎《つつし》んで左右《さゆう》を顧《かえり》みず

問《と》わずんば答《こた》えず　仰《おお》せ有《あ》らば謹《つつし》しんで聞《き》け

三宝《さんぽう》には三礼《さんれい》を尽《つ》くせ　神明《しんめい》には再拝《さいはい》を致《いた》せ

人間《にんげん》には一礼《いちれい》を成《な》せ　師君《しくん》には頂戴《ちょうだい》すべし

墓《はか》を過《す》ぐる時《とき》は則《すなわ》ち慎《つつし》め

社《やしろ》を過《す》ぐる時《とき》は則《すなわ》ち下《お》りよ
堂塔《どうとう》の前《まえ》に向《む》かって　不浄《ふじょう》を行《おこな》うべからず
聖教《しょうぎょう》の上《うえ》に向《む》かって　無礼《ぶれい》を致《いた》すべからず
人倫礼有《じんりんれいあ》れば　朝廷必《ちょうていかなら》ず法有《ほうあ》り
人《ひと》にして礼無《れいな》き者《もの》は　衆中又過有《しゅちゅうまたとがあ》り
衆《しゅ》に交《まじ》わりて雑言《ぞうごん》せず　事畢《ことおわ》らば速《すみ》やかに避《さ》けよ
事《こと》に触《ふ》れて朋《とも》に違《たが》わず　言語離《げんごはな》るることを得《え》ず
語多《ことばおお》き者《もの》は品少《しなすく》なし　老《お》いたる狗《いぬ》の友《とも》を吠《ほ》ゆるが如《ごと》し
懈怠《けたい》する者《もの》は食《しょく》を急《いそ》ぐ　痩《や》せたる猿《さる》の菓《このみ》を貪《むさぼ》るが如《ごと》し

勇《いさ》める者《もの》は必《かなら》ず危《あやう》き事《こと》あり　夏《なつ》の虫《むし》の火《ひ》に入《い》るが如《ごと》し

鈍《にぶ》き者《もの》は亦《また》過《あやま》ち無《な》し　春《はる》の鳥《とり》の林《はやし》に遊《あそ》ぶが如《ごと》し

人《ひと》の耳《みみ》は壁《かべ》に付《つ》く　密《ひそ》かにして讒言《ざんげん》すること勿《なか》れ

人《ひと》の眼《め》は天《てん》に懸《か》かる　隠《かく》して犯《おか》し用《もち》うること勿《なか》れ

車《くるま》は三寸《さんずん》の轄《くさび》を以《も》って　千里《せんり》の路《みち》を遊行《ゆぎょう》す

人《ひと》は三寸《さんずん》の舌《した》を以《も》って　五尺《ごしゃく》の身《み》を破損《はそん》す

口《くち》は是《これ》禍《わざわい》の門《かど》　舌《した》は是《これ》禍《わざわい》の根《ね》

口《くち》をして鼻《はな》の如《ごと》くならしめば

身《み》終《お》わるまで敢《あ》えて事《こと》無《な》し

過言《かごん》一《ひと》たび出《い》ずれば　駟《し》追《お》うも舌《した》を返《かえ》さず

白圭《はくけい》の玉《たま》は磨《みが》くべし　悪言《あくげん》の玉《たま》は磨《みが》き難《がた》し

禍福《かふく》は門《もん》無《な》し　唯人《ただひと》の招《まね》く所《ところ》に在《あ》り

天《てん》の作《つく》る災《さい》は避《さ》くべし　自《みずか》ら作《つく》る災《さい》は逃《のが》れ難《がた》し

夫《そ》れ積善《せきぜん》の家《いえ》には　必《かなら》ず余慶《よけい》あり

又好悪《またこうあく》の処《ところ》には　必《かなら》ず余殃《よおう》あり

人《ひと》にして陰徳《いんとく》あれば　必《かなら》ず陽報《ようほう》あり

人《ひと》にして陰行《いんぎょう》あれば　必《かなら》ず照明《しょうめい》あり

信力堅固《しんりきけんご》の門《かど》には　災禍《さいか》の雲《くも》起《お》こること無《な》し

念力強盛《ねんりききょうせい》の家《いえ》には　福祐《ふくゆう》の月光《つきひかり》を増《ま》す

心《こころ》の同《おな》じならざるは面《おもて》の如《ごと》し

譬《たと》えば水《みず》の器《うつわ》に随《したが》うが如《ごと》し

他人《たにん》の弓《ゆみ》を挽《ひ》かざれ　他人《たにん》の馬《うま》に騎《の》らざれ

前車《ぜんしゃ（きょ）》の覆《くつがえ》るを見《み》て　後車《こうしゃ（きょ）》の誡《いましめ》とす

前事《ぜんじ》の忘《わす》れざるを　後事《こうじ》の師《し》とす

善立《ぜんた》って名《な》を流《なが》す　寵極《ちょうきわ》まって禍多《わざわいおお》し

人《ひと》は死《し》して名《な》を留《とど》む　虎《とら》は死《し》して皮《かわ》を留《とど》む

国土《こくど》を治《おさ》むる賢王《けんおう》は　鰥寡《かんか》を侮《あなど》ることなし

君子《くんし》は人《ひと》を誉《ほ》めざれば　則《すなわ》ち民《たみ》怨《あだ》をなす

境《きょう》に入《い》っては禁《いましめ》を問《と》い　国《くに》に入《い》っては国《くに》を問《と》い

郷《ごう》に入《い》っては郷《ごう》に随《したが》い　俗《ぞく》に入《い》っては俗《ぞく》に随《したが》い

門《もん》に入《い》っては先《ま》ず諱《いみな》を問《と》え　主人《しゅじん》を敬《うやま》うが為《ため》なり

君所《くんしょ》に私《わたくし》の諱《いみな》無《な》し　二《ふた》つ無《な》きは尊号《そんごう》なり

愚者《ぐしゃ》は遠《とお》き慮《おもんぱか》り無《な》し　必《かなら》ず近《ちか》き憂《うれ》い有《あ》るべし

管《くだ》を用《もち》いて天《てん》を窺《うかが》う如《ごと》く

針《はり》を用《もち》いて地《ち》を指《さ》すに似《に》たり

神明《しんめい》は愚人《ぐじん》を罰《ばっ》す　殺《ころ》すに非《あら》ず懲《こ》らしめんが為《ため》なり

師匠《ししょう》の弟子《でし》を打《う》つは
悪《にく》むに非《あら》ず能《よ》からしめんが為《ため》なり
生《う》まれながらにして貴《たっと》き者《もの》は無《な》し
習《なら》い修《じゅ》して智徳《ちとく》と成《な》る
貴《たっと》き者《もの》は未《いま》だ必《かなら》ず富《と》まず　富《と》める者《もの》は未《いま》だ必《かなら》ず貴《たっと》からず
富《と》めりと雖《いえど》も心《こころ》に欲多《よくおお》ければ　是《これ》を名《な》づけて貧人《ひんにん》とす
貧《まず》しきと雖《いえど》も心《こころ》に足《た》るを欲《ほっ》すれば　是《これ》を名《な》づけて富人《ふじん》とす
師《し》の弟子《でし》に訓《おし》えざる　是《これ》を名《な》づけて破戒《はかい》となす
師《し》の弟子《でし》を呵責《かしゃく》する　是《これ》を名《な》づけて持戒《じかい》となす

悪《あ》しき弟子《でし》を蓄《とど》むれば　師弟地獄《していじごく》に堕《お》つ

善《よ》き弟子《でし》を養《やしな》えば　師弟仏果《していぶっか》に至《いた》る

教《おし》えに順《したが》わざる弟子《でし》は　早《はや》く父母《ふぼ》に返《かえ》すべし

和《やわ》らかならざる者《もの》を寃《なだ》めんと擬《ぎ》すれば

怨敵《おんてき》と成《な》って害《がい》を加《くわ》う

悪人《あくにん》に順《したが》って避《さ》けざれば　繋《つな》げる犬《いぬ》の柱《はしら》を廻《めぐ》るが如《ごと》し

善人《ぜんにん》に馴《な》れて離《はな》れざれば　大船《たいせん》の海《うみ》に浮《う》かべるが如《ごと》し

善《よ》き友《とも》に随順《ずいじゅん》すれば　麻中《まちゅう》の蓬《よもぎ》の直《なお》きが如《ごと》し

悪《あ》しき友《とも》に親近《しんきん》すれば　藪《やぶ》の中《なか》の荊曲《けいきょく》の如《ごと》し

祖《そ》に離《はな》れ疎《そ》師《し》に付《つ》きて　戒定恵《かいじょうえ》の業《ぎょう》を習《なら》え

根性《こんじょう》は愚鈍《ぐどん》なりと雖《いえど》も　自《おの》ずから好《この》めば学位《がくい》に致《いた》る

一日《いちにち》に一字《いちじ》学《まな》びて　三百六十字《さんびゃくろくじゅうじ》

一字千金《いちじせんきん》に当《あ》たる　一点他生《いってんたしょう》を助《たす》く

一日師《いちにちし》を疎《おろそ》かにせず　況《いわん》や数年《すうねん》の師《し》を乎《や》

師《し》は三世《さんぜ》の契《ちぎ》り　祖《そ》は一世《いっせ》の睦《むつみ》

弟子《でし》は七尺《しちしゃく》去《さ》って　師《し》の影《かげ》を踏《ふ》むべからず

観音《かんのん》は師孝《しこう》の為《ため》に　宝冠《ほうかん》に弥陀《みだ》を戴《いただ》き

勢至《せいし》は親孝《しんこう》の為《ため》に　頭《こうべ》に父母《ふぼ》の骨《ほね》を戴《いただ》き

宝瓶《ほうびん》に白骨《はくこつ》を納《おさ》む　朝《あした》は早《はや》く起《お》きて手《て》を洗《あら》い

意《こころ》を摂《おさ》めて経巻《きょうかん》を誦《じゅ》せよ

夕《ゆうべ》には遅《おそ》く寝《い》ぬるとも足《あし》を洒《そそ》ぎ

性《せい》を静《しず》めて義理《ぎり》を案《あん》ぜよ　習《なら》い読《よ》めど意《こころ》にいれざれば

酔《よ》い寝《ね》て讇《むつごと》を語《かた》るが如《ごと》し　千巻《せんかん》を読《よ》めども復《ふく》さざれば

財無《ざいな》くして町《まち》に臨《のぞ》むが如《ごと》し　薄《うす》き衣《ころも》の冬《ふゆ》の夜《よ》も

寒《かん》を忍《しの》びて通夜《つうや》に誦《じゅ》せよ　乏《とぼ》しき食《しょく》の夏《なつ》の日《ひ》も

飢《うえ》を除《のぞ》きて終日《ひねもす》習《なら》え　酒《さけ》に酔《よ》えば心狂乱《こころきょうらん》し

食《しょく》を過《す》ごせば学文《がくもん》に倦《う》む　身《み》を温《あたた》むれば睡眠《すいみん》を増《ま》す

身《み》を安《やす》んずれば懈怠《けたい》起《お》こる

匡衡《きょうこう》は夜学《やがく》の為《ため》　壁《かべ》を鑿《うが》ちて月光《げっこう》を招《まね》く

孫教《そんきょう》は学文《がくもん》の為《ため》　戸《と》を閉《と》じて人《ひと》を通《つう》ぜず

蘇秦《そしん》は学文《がくもん》の為《ため》　錐《きり》を股《もも》に刺《さ》して眠《ねむ》らず

俊敬《しゅんきょう》は学文《がくもん》の為《ため》　縄《なわ》を頸《くび》に懸《か》けて眠《ねむ》らず

車胤《しゃいん》は夜学《やがく》を好《この》んで　蛍《ほたる》を聚《あつ》めて燈《ともしび》とす

宣士《せんし》は夜学《やがく》を好《この》んで　雪《ゆき》を積《つ》みて燈《ともしび》とす

休穆《きゅうぼく》は文《ぶん》に意《こころ》を入《い》れて　冠《かんむり》の落《お》つるを知《し》らず

高鳳《こうほう》は文《ぶん》に意《こころ》を入《い》れて　麦《むぎ》の流《なが》るるを知《し》らず

劉完《りゅうかん》は衣《きぬ》を織《お》り乍《なが》ら　口《くち》に書《しょ》を誦《じゅ》して息《やす》まず
倪寛《げいかん》は耕作《こうさく》し乍《なが》ら　腰《こし》に文《ふみ》を帯《お》びて捨《す》てず
此等《これら》の人《ひと》は皆《みな》
昼夜学文《ちゅうやがくもん》を好《この》みしに　文操国家《ぶんそうこっか》に満《み》つ
遂《つい》に碩学《せきがく》の位《くらい》に致《いた》る　縦《たと》え塞《さい》を磨《みが》き筒《つつ》を振《ふ》るとも
口《くち》には恒《つね》に経論《きょうろん》を誦《じゅ》せよ　又弓《またゆみ》を削《けず》り矢《や》を矧《は》げども
腰《こし》には常《つね》に文書《ぶんしょ》を挿《さ》しはさみ
張儀《ちょうぎ》は新古《しんこ》を誦《じゅ》して
枯木菓《こぼくこのみ》を結《むす》ぶ　亀耄《きもう》は史記《しき》を誦《じゅ》して

古骨《ここつ》に膏《あぶら》を得《え》たり

伯英《はくえい》は九歳《きゅうさい》にして初《はじ》めに　早《はや》く博士《はかせ》の位《くらい》に到《いた》る

宋吏《そうし》は七十《しちじゅう》にして初《はじ》めて　学《がく》を好《この》んで師伝《しでん》に昇《のぼ》る

智者《ちしゃ》は下劣《げれつ》なりと雖《いえど》も　高台《こうだい》の客《かく》に登《のぼ》り

愚者《ぐしゃ》は高位《こうい》なりと雖《いえど》も　奈利《ないり》の底《そこ》に堕《お》つ

智者《ちしゃ》の作《つく》る罪《つみ》は　大《おお》いなれども地獄《じごく》に堕《お》ちず

愚者《ぐしゃ》の作《つく》る罪《つみ》は　小《ちい》さなれど必《かなら》ず地獄《じごく》に堕《お》つ

愚者《ぐしゃ》は常《つね》に憂《うれ》いを懐《いだ》く　譬《たと》えば獄中《ごくちゅう》の囚《とらわれびと》の如《ごと》し

智者《ちしゃ》は常《つね》に歓楽《かんらく》す　猶光音天《なおこうおんてん》の如《ごと》し

父《ち》の恩《おん》は山《やま》より高《たか》し　須弥山《しゅみせん》尚《なお》下《ひく》し
母《はは》の徳《とく》は海《うみ》よりも深《ふか》し　滄溟海《そうめいかい》還《かえ》って浅《あさ》し
白骨《はくこつ》は父《ち》の淫《いん》　赤肉《しゃくにく》は母《はは》の淫《いん》
赤白《しゃくびゃく》二諦《にたい》和《わ》して　五体身分《ごたいしんぶん》と成《な》る
胎内《たいない》に処《お》ること十月《とつき》　身心《しんしん》恒《つね》に苦労《くろう》し
胎外《たいげ》に生《う》まれて数年《すうねん》　父母《ふぼ》の養育《よういく》を蒙《こうむ》る
昼《ひる》は父《ち》の膝《ひざ》に居《い》て　摩頂《まちょう》を蒙《こうむ》ること多年《たねん》
夜《よる》は母《はは》の懐《ふところ》に臥《ふ》して　乳味《にゅうみ》を費《つい》やすこと数斛《すうこく》
朝《あした》には山野《さんや》に交《まじ》わりて　蹄《ひづめ》を殺《ころ》して妻子《さいし》を養《やしな》う

暮《くれ》には紅海《こうかい》に臨《のぞ》みて　鱗《うろくず》を漁《すなど》って身命《しんめい》を資《たす》く
旦暮《たんほ》の命《いのち》を資《たす》けん為《ため》に
日夜悪業《にちやあくごう》を造《つく》りて　朝夕《ちょうせき》の味《あじわい》を嗜《たしな》まんとす
多劫地獄《たこうじごく》に堕《お》つ　恩《おん》を戴《いただ》きて恩《おん》を知《し》らざるは
樹《き》の鳥《とり》の枝《えだ》を枯《か》らすが如《ごと》く
徳《とく》を蒙《こうむ》りて徳《とく》を思《おも》わざるは
野《の》の鹿《しし》の草《くさ》を損《そん》ぜしむるが如《ごと》し
酉夢《ゆうむ》其《そ》の父《ちち》を打《う》てば　天雷《てんらい》其《そ》の身《み》を裂《さ》く
班婦《はんぷ》其《そ》の母《はは》を罵《ののし》れば　霊蛇《れいじゃ》其《そ》の命《いのち》を吸《す》う

郭巨《かくきょ》は母《はは》を養《やしな》わん為《ため》　穴《あな》を掘《ほ》って金《こがね》の釜《かま》を得《う》

姜詩《きょうし》は自婦《じふ》を去《さ》って　水《みず》を汲《く》むに庭泉《ていせん》を得《う》

孟宗《もうそう》は竹中《ちくちゅう》に哭《なげ》きて　深雪《しんせつ》の中《なか》に筍《たけのこ》を抜《ぬ》く

王祥《おうしょう》歎《なげ》きて氷《こおり》を叩《たた》けば　堅凍《けんとう》の上《うえ》魚《うお》踊《おど》る

舜子《しゅんし》は盲父《もうふ》を養《やしな》いて　涕泣《ていきゅう》すれば両眼《りょうがん》開《ひら》く

刑渠《けいきょ》は老母《ろうぼ》を養《やしな》いて　食《しょく》を噛《か》みて齢《よわい》若《わか》く成《な》る

董永《とうえい》は一身《いっしん》を売《う》りて　孝養《こうよう》の御器《ぎょき》に備《そな》う

楊威《ようい》は独《ひと》りの母《はは》を念《おも》いて　虎《とら》の前《まえ》に啼《な》きて害《がい》を免《のが》る

顔烏《がんう》墓《はか》に土《つち》を負《お》えば　烏鳥《からす》来《き》たりて運《はこ》び埋《うず》む

許牧《きょぼく》自《みずか》ら墓《はか》を作《つく》るに　松柏《しょうはく》植《う》わりて墓《はか》と作《な》る

此等《これら》の人《ひと》は皆《みな》　父母《ふぼ》に孝養《こうよう》を致《いた》せば

仏神憐愍《ぶっしんれんみん》を垂《た》る　望《のぞ》む所悉《ところことごと》く成就《じょうじゅ》す

生死《しょうじ》の命《いのち》は無常《むじょう》なり　早《はや》く欣《ねが》うべきは涅槃《ねはん》なり

煩悩《ぼんのう》の身《み》は不浄《ふじょう》なり

速《すみ》やかに求《もと》むべきは菩提《ぼだい》なり

厭《いと》うても厭《いと》うべきは娑婆《しゃば》なり

会者定離《えしゃじょうり》の苦《く》　恐《おそ》れても恐《おそ》るべきは六道《ろくどう》なり

生者必滅《しょうじゃひつめつ》の悲《かな》しみ　寿命《じゅみょう》は蜉蝣《ふゆう》の如《ごと》し

朝《あした》に生《う》まれて夕《ゆうべ》に死《し》す

身体《しんたい》芭蕉《ばしょう》の如《ごと》し　風《かぜ》に随《したが》って壊《やぶ》れ易《やす》し

綾羅《りょうら》の錦繍《きんしゅう》は　全《まった》く冥途《めいど》の貯《たくわ》えに非《あら》ず

黄金珠玉《おうごんしゅぎょく》は　只一世《ただいっせ》の財宝《ざいほう》

栄花栄耀《えいがえいよう》は　更《さら》に仏道《ぶつどう》の資《たす》けに非《あら》ず

官位寵職《かんいちょうしょく》は　唯現世《ただげんぜ》の名聞《みょうもん》

亀鶴《きかく》の契《ちぎ》りを致《いた》す

露命《ろめい》消《き》えざる程《ほど》　鴛鴦《えんおう》の衾《ふすま》を重《かさ》ぬるも

身体《しんたい》の壊《やぶ》れざる間《あいだ》　忉利摩尼殿《とうりまにでん》も

遷化《せんげ》の無常《むじょう》を歎《なげ》く
大梵高台《だいぼんこうだい》の客《かく》も　火血刀《かけつとう》の苦《くる》しみを悲《かな》しむ
須達《しゅだつ》の十徳《じっとく》も　無常《むじょう》に留《とど》まること無《な》し
阿育《あいく》の七宝《しっぽう》にても　寿命《じゅみょう》を買《か》うに無《な》し
月支《がっし》の月《つき》を還《かえ》せし威《いきおい》も　琰王《えんおう》の使《つか》いに縛《しば》らる
龍帝《りゅうてい》の龍《りゅう》を投《な》ぐる力《ちから》も　獄卒《ごくそつ》の杖《つえ》に打《う》たる
人尤《ひともっと》も施《ほどこ》し行《おこな》うべし
布施《ふせ》は菩提《ぼだい》の粮《かて》　人最《ひともっと》も財《ざい》を惜《お》しまざれ
財宝《ざいほう》は菩提《ぼだい》の障《さわ》り

若《も》し人《ひと》貧窮《ひんきゅう》の身《み》にて　布施《ふせ》すべき財《ざい》無《な》くんば
他《た》の布施《ふせ》する時《とき》を見《み》て　随喜《ずいき》の心《こころ》を生《しょう》ずべし
悲心一人《ひしんいちにん》に施《ほどこ》せば　功徳大海《くどくたいかい》の如《ごと》し
己《おのれ》が為《ため》に諸人《しょにん》に施《ほどこ》せば　報《むく》いを得《う》ること芥子《けし》の如《ごと》し
砂《すな》を聚《あつ》めて塔《とう》と為《な》す人《ひと》は　早《はや》く黄金《おうごん》の膚《はだえ》を研《みが》く
花《はな》を折《お》って仏《ほとけ》に供《きょう》する輩《ともがら》は　速《すみ》やかに蓮台《れんだい》の趺《はなぶさ》を結《むす》ぶ
一句信受《いっくしんじゅ》の力《ちから》　転輪王《てんりんおう》の位《くらい》に超《こ》えたり
半偈聞法《はんげもんほう》の徳《とく》は　三千界《さんぜんかい》の宝《たから》に勝《まさ》れり
上《かみ》は須《すべから》く仏道《ぶつどう》を求《もと》むべし　中《なか》ばは四恩《しおん》を報《ほう》ずべし

下《しも》は偏《あまね》く六道《ろくどう》に及《およ》ぶ　共《とも》に仏道《ぶつどう》を成《じょう》ずべし

幼童《ようどう》を誘引《ゆういん》せんが為《ため》に　因果《いんが》の道理《どうり》を註《ちゅう》す

内典外典《ないでんがいでん》より出《い》だす　見《み》る者《もの》誹謗《ひぼう》すること勿《なか》れ

聞《き》く者《もの》笑《わら》いを生《しょう》ずることなかれ

〔原文〕

夫貴人前居　顯露不得立
遇道路跪過　有召事敬承
兩手當胸向　愼不顧左右
不問者不答　有仰者謹聞
三寶盡三禮　神明致再拜
人間成一禮　師君可頂戴
過墓時則愼　過社時則下
向堂塔之前　不可行不淨
向聖教之上　不可致無禮
人倫有禮者　朝廷必有法
人而無禮者　衆中又有過
交衆不雜言　事畢者速避

觸事不違朋　言語不得離
語多者品少　老狗如吠友
懈怠者急食　疲猿如貧菓
勇者必事危　夏虫如入火
鈍者亦無過　春鳥如遊林
人耳者付壁　密而勿讒言
人眼者懸天　隠而勿犯用
車以三寸轄　遊行千里路
人以三寸舌　破損五尺身
口是禍之門　舌是禍之根
使口如鼻者　終身敢無事
過言一出者　駟追不返舌
白圭玉可磨　悪言玉難磨

禍福者無門　唯人在所招
天作災可避　自作災難逃
夫積善之家　必有餘慶矣
又好惡之處　必有餘殃矣
人而有隱德　必有陽報矣
人而有陰行　必有照明矣
信力堅固門　災禍雲無起
念力強盛家　福祐月增光
心不同如面　譬如水隨器
不挽他人弓　不騎他人馬
前車之見覆　後車之爲誡
前事之不忘　後事之爲師
善立而名流　寵極而禍多

人死而留名　虎死而留皮
治國土賢王　勿侮鰥寡矣
君子不譽人　則民作怨矣
入境而問禁　入國而問國
入鄕而隨鄕　入俗而隨俗
入門先問諱　爲敬主人也
君所無私諱　無二尊号也
愚者無遠慮　必可有近憂
如用管窺天　似用針指地
神明罸愚人　非殺爲令懲
師匠打弟子　非惡爲令能
生而無貴者　習修成智德
貴者必不富　富者未必貴

雖富心多欲　是名爲貧人
雖貧心欲足　是名爲富人
師不訓弟子　是名爲破戒
師呵責弟子　是名爲持戒
蓄惡弟子者　師弟墮地獄
養善弟子者　師弟至佛果
不順教弟子　早可返父母
不和者擬寃　成怨敵加害
順惡人不避　緤犬如廻柱
馴善人不離　大船如浮海
隨順善友者　如麻中蓬直
親近惡友者　如藪中荊曲
離祖付疎師　習戒定惠業

根性雖愚鈍　好自致學位
一日學一字　三百六十字
一字當千金　一點助他生
一日師不疎　况數年師乎
師者三世契　祖者一世睦
弟子去七尺　師影不可踏
觀音爲師孝　寶冠戴彌陀
勢至爲親孝　頭戴父母骨
寶瓶納白骨　朝早起洗手
攝意誦經卷　夕遲寢洒足
靜性案義理　習讀不令意
如醉寐讇語　讀千卷不復
無財如臨町　薄衣之冬夜

忍寒通夜誦　乏食之夏日
除飢終日習　醉酒心狂亂
過食倦學文　温身増睡眠
安身起懈怠　匡衡爲夜學
鑿壁招月光　孫敎爲學問
閉戸不通人　蘇秦爲學文
錐刺股不眠　俊敬爲學文
縄懸頸不眠　車胤好夜學
聚螢爲燈矣　宣士好夜學
積雪爲燈矣　休穆入意文
不知冠之落　高鳳入意文
不知麥之流　劉完乍織衣
口誦書不息　倪寛乍耕作

腰帶文不捨　此等人者皆
晝夜好學文　文操滿國家
遂致碩學位　縱磨塞振筒
口恒誦經論　又削弓矧矢
腰常挿文書　張儀誦新古
枯木結菓矣　龜耄誦史記
古骨得膏矣　伯英九歳初
早到博士位　宗吏七十初
好學昇師傳　智者雖下劣
登高臺之客　愚者雖高位
墮奈利之底　智者作罪者
大不墮地獄　愚者作罪者
小必墮地獄　愚者常懷憂

譬如獄中囚　智者常歡樂
猶如光音天　父恩者高山
須彌山尚下　母德者深海
滄溟海還淺　白骨者父淫
赤肉者母淫　赤白二諦和
成五體身分　處胎內十月
身心恒苦勞　生胎外數年
蒙父母養育　晝者居父膝
蒙摩頭多年　夜者臥母懷
費乳味數斛　朝交干山野
殺蹄養妻子　暮臨干紅海
漁鱗資身命　爲資旦暮命
日夜造惡業　爲嗜朝夕味

多劫墮地獄　戴恩不知恩
如樹鳥枯枝　蒙德不思德
如野鹿損草　酉夢打其父
天雷裂其身　班婦罵其母
靈蛇吸其命　郭巨爲養母
堀穴得金釜　姜詩去自婦
汲水得庭泉　孟宗哭竹中
深雪中抜筍　王祥歎叩氷
堅凍上踊魚　舜子養盲父
涕泣開兩眼　刑渠養老母
噛食成齢若　董永賣一身
備孝養御器　揚威念獨母
虎前啼免害　顏烏墓負土

烏鳥來運埋　許牧自作墓
松柏植作墓　此等人者皆
父母致孝養　佛神垂憐愍
所望悉成就　生死命無常
早可欣涅槃　煩惱身不淨
速可求菩提　厭可厭娑婆
會者定離苦　恐可恐六道
生者必滅悲　壽命如蜉蝣
朝生夕死矣　身體如芭蕉
隨風易壞矣　綾羅錦繡者
全非冥途貯　黄金珠玉者
只一世財寶　榮花榮耀者
更非佛道資　官位寵職者

唯現世名聞　致龜鶴之契
露命不消程　重鴛鴦之衾
身體不壞間　忉利摩尼殿
歎遷化無常　大梵高臺客
悲火血刀苦　須達之十徳
無留於無常　阿育之七寶
無買於壽命　月支還月威
被縛琰王使　龍帝投龍力
被打獄卒杖　人尤可行施
布施菩提粮　人最不惜財
財寶菩提障　若人貧窮身
可布施無財　見他布施時
可生隨喜心　悲心施一人

功徳如大海　爲己施諸人
得報如芥子　聚砂爲塔人
早研黄金膚　折花供佛輩
速結蓮臺趺　一句信受力
超轉輪王位　半偈聞法徳
勝三千界寶　上須求佛道
中可報四恩　下徧及六道
共可成佛道　爲誘引幼童
註因果道理　出内典外典
見者勿誹謗　聞者不生笑

［巻末付録］

# 対談

『実語教』『童子教』の
両書を貫くもの、これがいまや
日本人が忘れ去ろうとしている勤勉精神である。
幼少期から『実語教』の教えに親しんできた
JFEホールディングス名誉顧問・數土文夫氏と
その魅力や現代的な意義について語り合った。

明治大学教授
# 齋藤　孝

## 『学問のすゝめ』のベースとなった『実語教』

**數土**　私は齋藤先生の長年のファンで、ご著書も随分と拝読してきました。この混迷の時代に、『実語教』『童子教』にいま一度スポットを当てなくてはいけないと考えていたところ、こういう対談の機会をいただけて、とても嬉しく思っています。

**齋藤**　私も數土《すど》先生が執筆される『致知《ちち》』の「巻頭の言葉」を読ませていただき、漢学の素養を生かしながら企業経営で多くの実績を積まれてきたことに大変敬服しているんです。そのように生きてこられた方は日本にはほとんどいらっしゃらないのではないでしょうか。ある意味、日本の精神文化を体現されてきたのが數土先生だというのが私の思いなんですね。

**數土**　尊敬する齋藤先生にそこまで言っていただいて光栄の至りです。先生が致知出版社から出された『実語教』『童子教』の本は私も大変興味深く読ませていただきましたけれども、この二つは日本人の精神文化に多くの影響を与えた大切な書物でありながら、いまその存在が知られていないことが私は残念でなりません。

**齋藤**　おっしゃる通りですね。私がぜひ本を出版したいと思った理由も実はそこにありました。『実語教』は平安時代末、『童子教』は鎌倉時代末と、それぞれ成立時期は違いますが、学びの大切さや礼儀作法、人との付き合い方など人間が生きる上での大切な知恵が簡潔な言葉で書かれていて、寺子屋教育などを通して日本人の間でずっと読み継がれてきました。特に『実語教』について私は「日本人千年の教科書」という言い方をしていいと思っています。

**數土**　なるほど。その通りですね。

**齋藤**　例えば、「天は人の上に人を造らず人の下に人を造らずと言えり」という福沢諭吉の『学問のすゝめ』の冒頭の一節はあまりに有名ですが、その後に「されども今、広くこの人間世界を見渡すに、かしこき人あり、おろかなる人あり、貧しきもあり、富めるもあり……」とこの世の中には貴賤《きせん》や貧富の差があるという言葉が続いています。

そして、その理由について諭吉はこう述べているんです。

「『実語教』に、人学ばざれば智なし、智なき者は愚人《ぐじん》なりとあり。されば賢人と愚人との別は学ぶと学ばざるとによりて出来るものなり」

つまり「人学ばざれば智なし、智なき者は愚人なり」という言葉をもとに、賢い人と愚かな人の差は学ぶか学ばないかによって決まると言っているわけです。

『学問のすゝめ』は当時の大ベストセラーです。ということは、その前提である『実語教』の言葉も日本中の人たちに違和感なく受け止められたのではないでしょうか。

**數土**　『実語教』『童子教』の教えがそれだけ日本人の間で浸透していたということでもありますね。

## 『実語教』『童子教』の解説書に込めた思い

**齋藤**　數土先生はどのようなきっかけで『実語教』『童子教』に関心を抱くようになられたのですか。

**數土**　小学五、六年生の頃でしたか、戦前に出された平凡社の『大百科事典』が我が家にあり、その中にあった『実語教』の原文と読み下し文、解説を読んだんです。父が漢文の教師で、「玉磨かざれば光無し。人間を磨かなかったら石や瓦《かわら》と一緒だぞ」と時折、叱《しか》られていたのですが、これが『実語教』にある言葉だったんですね。先ほどの「人学ばざれば智なし」というのも最初は両親から叱られる中で覚えた言葉でした。

　ただ、お恥ずかしいことに、私は大学生になるまで『実語教』と対《つい》のように読まれてきた『童子教』のことを知りませんでした。学べ、学べと人間の向上心をどこまでも後押ししてくれる『実語教』に対して、『童子教』は生きていく智恵はもちろん説かれていますが、どこか人間の無常観、来世信仰の要素もありますでしょう。

**齋藤**　「生死《しょうじ》の命は無常なり、早く欣《ねが》うべきは涅槃《ねはん》なり」と教えられても早過ぎですね（笑）。

**數土**　だから最初は違和感を覚え、私には『実語教』のほうがよりしっくりきたんです。

**齋藤**　私の場合、數土先生のように早い出合いではなく、教育学を専攻した大学院時代に、江戸期の寺子屋教育に興味を抱いたのが、そもそものきっかけでした。「寺子屋はどういうテキストを用いていたのだろう」「ああいう高度な教育がどうして日本でできたのだろう」という疑問を抱きながら研究を進めていくうちに『実語教』『童子教』、『金言童子教』（江戸中期の学者・勝田祐義《かつたすけよし》が子供たちのために新たに編纂《へんさん》した金言集）に触れて、そのレベルの高さに教育研究者として感銘を受けたんです。

一方、現代の国語教科書はあまりに易《やさ》しい言葉で書かれ過ぎていて、日本語力の低下という意味でも不安を抱いていました。それで、格調が高く、しかも分かりやすい言葉に触れてもらいたくて『子どもと声に出して読みたい「実語教」』『子どもと声に出して読みたい「童子教」』という本を致知出版社から出させていただきました。

**數土** いや、いまの時代、このような本が世に出ることは大変意義があることで、ヒット中のヒットではないかと私は思っています。

## 日本人の精神形成に大きな影響

**數土** 『学問のすゝめ』のベースに『実語教』があるというお話は私も大変興味を抱いているところで、それはつまり日本人に『学問のすゝめ』を読んで自らを向上させようとするだけの素養、土壌が既にあったことを意味します。

**齋藤** 特に幕末にかけて日本人の読書熱は大変高まっていましたね。

**數土** 当時の日本人は決して経済的に豊かではありませんでした。ただ、豊かではなくても、賤《いや》しくはなかった。弊衣破帽《へいいはぼう》と気高さは全《まった》く違うという戦前の旧制高等学校の学生と似たような意識があったに違いありません。実際に福沢諭吉にしろ、勝海舟にしろ、高橋是清《これきよ》にしろ皆、貧乏ですよ。着るものにさえ不自由する中で、彼らは大事を成し遂げていくんです。

**齋藤** 勝海舟は冬でも袷《あわせ》一枚で平気だったと書き記していますよね。

**數土** その気概がどこから生まれたのか。私はその答えは『実語教』だと思います。『実語教』では貧しさと賤しさは違う、貧しいからといって卑屈にならず向上心を失うなと、いろいろな表現でそのことを説いているんです。そして、それを子供たちにきちんと教えたのが寺子屋教育でした。
　江戸中期以降、日本には一万を超える寺子屋があったとされますが、そこで『実語教』『童子教』を教えたことは、日本人の精神形成にとても大きな影響を与えたと思うんです。
**齋藤**　学習方法の観点で言うと、寺子屋で行われていた素読《そどく》はとても効果があったと思います。先生が言った言葉を復唱して解説を聞き、それを復唱しながら帰る。これが当時の日本各地で見られた風景であり、子供たちは『実語教』『童子教』の素読や暗誦《あんしょう》を通して幼い頃から人生で大切なことを体に刻みつけていきました。特にこの二つの書物は言葉のリズムがよくて覚えやすいのも特徴なんです。
**數土**　暗誦の素晴らしいところは、覚えるために五感をフルに使うところです。もう一つ、私の経験から申し上げれば、大きな声を出して暗誦することで勇気が出てくる。だから、いじめる側にもいじめられる側にもならない。
**齋藤**　ああ、確かに大きな声で名文を素読、暗誦すると勇気が湧くのを感じます。『論語』に「知者は惑わず、仁者は憂《うれ》えず、勇者は懼《おそ》れず」とありますが、いま特に日本人に求められるのが、この勇気なのかもしれませんね。
**數土**　勇気と、もう一つは上昇志向です。最近ではリーダーになりたくない、責任を取りたくないという若い人が増えているようですが、これではダメですね。もちろん私利私欲で人の上に立ちたい、威張りたい、地位が欲しいというのも問題ですが、正当なる見識を持ってリーダーになりたいというのは、とても健全な考えです。この上昇志向、向上心が現代の日本人に欠けているように思います。

さらに言えば、ただ偉くなるだけでもいけない。偉くなって何をするのか、上に立った人間はどうあるべきか。そこに思いを馳《は》せなくてはいけない。そういうことを丁寧に教えてくれているのが『実語教』であり、『童子教』なのではないでしょうか。

## 『実語教』『童子教』はなぜ生まれたのか

**齋藤**　「人学ばざれば智なし、智なき者は愚人なり」という『実語教』の言葉を紹介しましたが、学んでいる時は変なことはできない。人間に学ばずに暇になると変なことをする。それを戒めはそんな一面があると思います。それを戒めるためでしょう。『実語教』は、「習い読むといえども復《ふく》せざれば、只隣《ただとなり》の財《たから》を計《かぞ》うるが如《ごと》し」（勉強をするのも本を読むのも、繰り返しやらなければ、ただ隣の家の財産を数えるようなものです）

というように学び続けることの大切さを説いています。

総務省統計局の調べによると、いま日本の社会人の勉強時間は一日で十三分と欧米・アジアで最下位なんです。確かに真面目に仕事はやっていると思うんですけど、勉強時間は減っているんですね。

**數土**　学校を出てからの勉強がこんなにも足りない民族はいません。

**齋藤**　日本人は時間さえあれば本を読んでいるようなイメージが私にはありましたが、あまり本を読まなくなったという点では、学び続けるという柱が人生の中からなくなっているのかもしれません。『実語教』は平安時代から子供たちのテキストにされてきていましたので、学ばないと人間は磨かれないという考え方が小さい頃に心のど真ん中に植えつけられ、先人たちはそれを腹に据《す》えて人生を生きていった。そういう『実語教』の時代が千年も続いたのは私たちが誇るべきことだと思います。

**數土**　確かにそうですね。私はこのような素晴らしい『実語教』『童子教』がなぜできたのかを考えたことがあります。あくまでも私論ですが、八九四年、菅原道真《みちざね》によって遣唐使が廃止されましたでしょう？「唐から学ぶものは何もない」となった時に、自分たちで勉強する体制をつくらなくてはいけなかった。その時、一番の見本が、遡《さかのぼ》ること三百年ほど前にできた『十七条憲法』ではなかったか、そしてそれをベースに『実語教』が生まれたのではないかと。実際『十七条憲法』で言っていることと『実語教』で言っていることの本質は同じなんですね。

その後、武家政権が誕生し、鎌倉、室町と時代を経る中で『方丈記《ほうじょうき》』『徒然草《つれづれぐさ》』などの仏教の無常観を、『童子教』もまた反映するものになった。そして、明治維新後、『実語教』『童子教』の精神が一つの形になったのが『教育勅語《ちょくご》』であると、そのように考えるんです。『教育勅語』を読むと、明らかに『実語教』『童子教』の精神を受け継いでいることが分かります。

**齋藤**　おっしゃるように『十七条憲法』と『教育勅語』の間の千年を支えたというのも、スケールの大きな捉え方ですし、国民への普及度という点で見ても『実語教』『童子教』はその二つに匹敵するだけのものがありました。

『実語教』は平安時代末、空海によってつくられたという説があります。『童子教』は鎌倉末期の安然《あんねん》という僧侶の作と言われていますが、いずれもはっきりしたことは分かっていません。數土先生がおっしゃった遣唐使を廃止し独自の日本文化を築き上げていく上でテキストとして用いられたという文脈も十分成り立つと思います。

**還暦を過ぎて学び直すためのテキストに**

**齋藤**　私は大学生と三十年以上ずっと付き合ってきて変化がよく分かるのですが、心がとても折れやすくなっていますね。その理由の一つは精神文化をきちんと継承していないからだと思います。

人間を心と身体、精神の三つに分けて考えると、心は不安定で移り変わりやすいものなんですね。一方、精神というものは心と違って変化しません。武士道精神が昨日ときょうで違うということはまずない。そういう精神文化が千年もの間続いてきたのに、とりわけ敗戦後、日本人の精神文化は？　と尋ねられたら「手ぶらだ」と。

しかも、自分たちが手ぶらということすら忘れてしまったんですね。もし、精神文化が日本人の土台にあるとしたら、心はいまのように肥大化しなかったと思います。精神文化抜きに自分の心を自分で処理しようとして無理を来している。不安定な心で人格を支えようとするから、心がすぐに折れてしまう。それがいまの日本人の姿なのだと思います。

數土　そのためにも幼児期のうちに精神文化を植えつける教育はとても大事ですね。『実語教』『童子教』がいま求められる理由もそこにあるのですが、もう一つ、人生百年時代を迎えて提案したいのは、還暦を迎えた人たちに『実語教』『童子教』を読み直してほしいということです。子供に戻って赤いちゃんちゃんこを着るわけだから、これも精神を奮い立たせる一つのきっかけじゃないかと。

齋藤　素晴らしいアイデアですね。もう一度、幼児期に戻ってそこから学び直す。明るい六十代になりそうですね（笑）。

數土　『実語教』の最後には、次のような文章があります。

「かるが故《ゆえ》に末代の学者、先ず《ま》この書を案ずべし。これ学問の始め、身終るまで忘失《ぼうしつ》することなかれ」（以上のように、どんな時代になっても学ぼうと思う人は、まずこの『実語教』を読んでください。これが学びの第一歩です。一生を終えるまで、学ぶことを忘れてはいけません）

それこそ身終わるまで学ぶことが大切だということを幼い子供たちに言っているわけです。そういう言葉に触れたら還暦を迎えて仕事を引退した人も、人生百年の時代に新しいエネルギーをもらえると思うんです。ロケットも遠くまで飛ばそうと思ったら一弾ロケットじゃダメで、還暦の時に二弾ロケットに自分で点火しなくてはいけない。

齋藤　江戸末期の医師・渋江《しぶえ》抽斎《ちゅうさい》を描いた森鷗外《おうがい》の小説に、五百《いお》という抽斎の奥さんの話が出てきます。五百さんは家によからぬ侍《さむらい》が入ってきた時、短剣を口にくわえ、上半身裸で風呂の熱湯を浴びせかけたというくらい勇気のある人でしたが、五百さんは女性の学習環境が整っていない中でも、まさに身終わるまで生涯、英語の勉強を続けているんですね。

**數土**　名著『武士の娘』で知られる長岡藩家老の娘・杉本鉞子《えつこ》もそうです。この人もたいした人だと思います。

**齋藤**　そうですね。少女時代に『論語』の先生がやってきた時、鉞子は少し姿勢を崩して座った。すると先生は「きょうの講義はやめましょう」と言って帰ってしまう。その後、鉞子は自分の部屋で悔しくて泣いたといわれています。

**數土**　自分のだらしなさに。

**齋藤**　先人たちがそんなレベルで学びに向き合っていたことを思うと、日本の教育がいかに高水準だったかが分かります。

## 日本では庶民への教育が浸透していた

**齋藤**　このように日本という国はもともと教育を柱にして歴史を刻んできた教育立国でした。その水準がずっとキープされてきたのは、先ほどから述べている庶民の教育がしっかりしていたことが要因の一つでしょう。

**數土**　江戸時代、貸本屋で商売ができたのは日本だけでした。日本にやってきた外国人が、日本人の識字率の高さに驚いたほどです。江戸末期、江戸市民の識字率は六十八%で、ロンドンの十八%、パリの九%と比べても群を抜いて高かった。そこには当然、『実語教』『童子教』の果たした役割は大きかったはずです。

ヨーロッパの文学、例えばシェイクスピアもそうですが、『ロミオとジュリエット』にしても、その題材はすべて貴族社会です。つまり、上流階級しか相手にしていない。孔子も教育の相手にしたのは士大夫《したいふ》と呼ばれる支配階級で、一般の庶民はその中にいなかったんです。こういうことは日本人はあまり言わないし、解説書にも書いていないのですが、孔子の教えを受けられるのはごく限られた身分の人たちでした。

**齋藤**　『論語』に「一束の干し肉を持ってきた者に対して教えてあげなかったということはない」とありますが、実際に孔子の周りにいたのは士大夫だったわけですね。

**數土**　孔子は立派な人物ですが、私が斉《せい》の宰相・管仲《かんちゅう》を高く評価しているのは、庶民の教育に力を注いだ点にあるんです。

**齋藤**　そう考えると、日本の庶民教育がいかに優れたものであったかが分かります。『実語教』『童子教』も庶民にじわーっと届いて、浸透度が高かったと思うんですね。よい本にはいろいろな条件があると思いますが、肝心なのはどれだけ人に深く浸透したかです。

　また、この二つのテキストは、いわゆる情報ではありません。いまほとんどの知識は情報と見做《みな》されますが、『実語教』『童子教』の教えは自分の身に刻むべき財産なんですね。幼い頃に覚えていた言葉が、ふとした瞬間、内側から湧き出て力を与えてくれる。これこそが学びの真の力だと思います。

## 当たり前のことほど大切なことはない

**數土**　大変残念なのは、これだけ日本人の精神的支柱になってきた『実語教』『童子教』がなぜか明治以降、あまり読まれなくなっていってしまったことです。人々の意識からも薄れていった。新渡戸稲造《にとべいなぞう》がベルギーの法学者に「宗教教育のない日本では、どうやって道徳を授けるのか」と聞かれて戸惑った結果、「武士道がある」と思いついたそうですが、そう問われた時、「日本には『実語教』がある」となぜ言えなかったのかと。

**齋藤**　確かにスッと出てきてもいいはずの本ですよね。

**數土**　これも私見ですが、当時の武士の子にとっては、『実語教』よりも『論語』『大学』が重視されていたのではないかと思うんです。

**齋藤**　福沢諭吉は『学問のすゝめ』で『実語教』に触れてはいますが、『福翁自伝《ふくおうじでん》』を読むと、幼少期からもっと高レベルの書物を読んでいますよね。藩校時代になると、さらにレベルが高くなる。そう考えると、『実語教』はどこまでも寺子屋のテキストというイメージがあったのかもしれません。新渡戸も廃刀令が出てすごく寂しく感じるくらい武士としてのプライドの持ち主でした。『実語教』はあまりに当たり前の書物として通り過ぎてしまったことは十分考えられます。

**數土**　『実語教』『童子教』に出てくる言葉は明解で解釈するのに間違いようがありませんから、一週間も読んだら理解できてしまう。物足りなさを感じていたことは確かだと思います。新井白石《はくせき》や藤原惺窩《せいか》なども『論語』や『大学』の解説書は書いていますが、『実語教』『童子教』の解説はしていないんです。解説など要らないくらい当たり前にある書物であり、解説書を残すことをしなかった。私はやはりこれが明治期以降、日本人に忘れられてしまった要因の一つかと思います。

　だけど、当たり前のことほど重要なことは

ありません。いま、子供たちの自殺が増えているでしょう？　江戸時代に子供の自殺なんてなかったはずですよ。それは『実語教』の功徳《くどく》だと思います。先にお話ししたように、貧乏を不幸とは捉えていなかった。そこから這《は》い上がることが楽しみであり、希望でもあったわけです。

**読書にはリラックス効果がある**

**齋藤**　數土先生は『実語教』でどういう言葉が心に響きますか。

**數土**　まず一番に挙げたいのは、最初に話題に上った、

「玉磨かざれば光無し。光無きを石瓦《いしかわら》とす。人学ばざれば智無し、智無きを愚人とす」

という言葉です。

それから、この言葉もいいですね。

「善を修《しゅ》する者は福を蒙《こうむ》る。たとえば響《ひびき》の音に応ずるが如し。悪を好む者は禍《わざわい》を招く。あたかも身に影の随《したが》うが如し」（善い行いをする人には幸福が訪れます。例えば、山に跳ね返ってこだまが返ってくるようなものです。悪事を好む人は禍を招きます。例えば、いつも自分の体に影がついて回るようなものです）

三つ目として挙げたいのは、

「富むといえども貧しきを忘るることなかれ。貴《たっと》しといえども賤しきを忘るることなかれ」（お金持ちになったとしても、貧しかった時のことを忘れてはいけません。立派になったとしても、何が賤しいかを忘れてはいけません）

私がなぜこの言葉を挙げたかというと、世の中に貢献している成功者の多くは、貧乏を

経験しているからです。ハンディキャップなどと言いますが、とんでもない。貧しさこそが成功の基盤になっている。貧しさを嘆くことは成功する要素を自分から奪っていることになります。貧しさと賤しさが違うというのはそれですね。

そして極めつけは先ほどの「これ学問の始め、身終るまで忘失することなかれ」です。

**齋藤**　私は、『実語教』のキャッチフレーズとして広く浸透してほしいという思いから、冒頭のこの言葉をまず挙げたいと思います。

「山高きが故《ゆえ》に貴からず。樹《き》有るを以《もっ》て貴しとす」（山は高いからといって価値があるわけではありません。そこに樹があって価値が出てくるのです）

「人肥《こえ》たるが故に貴からず。智有るを以て貴しとす」（人は太ってふくよかであるといって立派なのではありません。智恵があるからこそ立派な人といえるのです）

これらの言葉は子供が聞いてもスッと入ってくると思うんですね。「山」に「樹」、「人」に「智」がそれぞれ対のイメージで書かれていて、とても読みやすいと思います。

「千両の金《こがね》を積むといえども、一日の学にはしかず」（いくら大金を積んでも、一日一日の学びには及ばないのです）

これは学びの大事さを説いたもので、この価値観を持っていると結果的に国は豊かになるのではないでしょうか。日々の学びを重ねている国民が増えていくことは、迂遠《うえん》なようでも経済的に発展すると思います。メジャーリーガーの大谷翔平選手が最初に渡米した時、年俸は日本にいた時を下回っていました。しかし、彼は自分の力を伸ばしたいという思いで練習に励み、いまや押しも押されもしない存在になっています。これなどはその好例でしょうね。

そして、最後には數土先生と同じく、「これ学問の始め、身終るまで忘失することなかれ」を挙げたいと思います。学びを軸にした人生の歩み方は私にはとてもフィットするのですが、学ばないで日々を過ごしている人たちが心の問題で悩んでいると聞くと、「学んでいないからだよ」とつい言いたくなってしまいます。

**數土**　いや、それは本当にその通りですから「学びなさい」とはっきりと言うべきです。私の経験からしても読書にはリラックス効果があるんです。仕事で疲れて帰っても、『史《し》記《き》』でも『十八史略《じゅうはっしりゃく》』でも一時間ほど読書をして、登場人物の壮絶な人生に触れると、悩んでいたのがばからしくなってしまう。悩みをご破算にしてくれる。

**齋藤**　読書は別の次元から月の光のように自分を照らしてくれますよね。あの激しい『史記』でさえ、時空を超えた世界にいると落ち着いて読むことができます。学ぶこともせず、人の評価を刻一刻気にしていたら、どうしても心をやられてしまうように思います。

## 誰の中にも磨くべき長所がある

**齋藤**　本日のテーマは「敬、怠に勝てば吉《きつ》なり」ということですが、『童子教』にもそれと通じる言葉があります。

「夫《そ》れ積善の家には必ず余慶《よけい》あり。又好悪《こうあく》の処《ところ》には必ず余殃《よおう》あり。人にして隠徳あれば必ず陽報あり。人にして陰行《いんぎょう》あれば必ず照明あり」（日頃から善行を積み重ねている人の家には、必ず思いがけないよいことがあります。自分の好みで人を憎んでしまう人のところには、必ず思いがけない悪いことが起こります。隠れたところでよい行いをしていれば、必ずよい知らせがもたらされますし、隠れたところで立派な行いをしていれば、その名は必ず皆の知るところとなります）

陰で努力をしているとプラスのことが起きるというメッセージで、この言葉は誰にでも入りやすいと思いますね。

**數土**　私も『童子教』で好きな言葉はたくさんありますが、例えば、

「白圭《はくけい》の玉は磨くべし。悪言《あくげん》の玉は磨き難《がた》し」（誰の心の中にも汚れていない白い玉がありきます。その玉をピカピカに磨き上げるような振る舞いをしましょう。悪口や不平不満ばかり言っている人の玉は、いくら磨いてもなかなか光らないのです）

これはどんなに才能がないと言われている人の中にも、必ず磨くべき玉がある、長所を磨きなさいという意味で、力を与えてくれるいい言葉ではないでしょうか。

それから幼児期に学んで大人になっても通じる言葉に、

「過言《かごん》一《ひと》たび出《い》ずれば、駟追舌《しついした》を返さず」（一度口から出た言葉は四頭立ての馬車で追いかけても取り返すことはできません）

というものがあります。これは「白圭の玉は磨くべし……」の前段にある一節で、いわゆる「覆水盆《ふくすい》に返らず」と同じ意味ですね。子供の頃にこういう言葉を覚えていたら、簡単に人の悪口など言えないはずです。その意味では、『実語教』『童子教』は人の上に立つ人が具備すべき事柄が示されているわけで、

リーダーと呼ばれる人は積極的に読むべき書物です。

**齋藤**　それに、いろいろな偉人たちが学問に集中するあまりにしてしまった話を集めているところもまた、『童子教』の興味深い部分ではないでしょうか。眠気が襲ってきたら錐《きり》を太腿《ふともも》に刺したり、首に縄を掛けて眠ったら首が絞まるようにしたり（笑）。「勉強する時は戸を閉じて誰も中に入れない」という部分をいまふうに解釈すると「勉強する時はスマホを充電させて、見ないようにする」と読み変えても面白いと思います。

**數土**　「蛍を集めて灯りの代わりにした」ということも書かれていますね。私もゲンジボタル、ヘイケボタルを集めて試してみましたが、読めませんでした（笑）。いずれにしても先人たちは、昔の人はここまでして勉強に励んだんだよと子供たちに伝えていたんです。

## 謙虚と勇気は表裏一体

**數土**　「敬、怠に勝てば吉なり」という言葉は東洋古典の『小学』に出てくる言葉ですが、斉の国を開いた呂尚《りょしょう》（太公望《たいこうぼう》）が、自分を雇ってくれた周国の武王に向かって言った言葉でもあります。まさに勤勉の重要性を説いたもので、『実語教』『童子教』の精神そのものと言ってよいでしょうね。

**齋藤**　ええ。人生では時に、前に行くか後ろに退くか、右に行くか左に行くか迷う時があると思います。迷った時、一歩前に進んで前傾姿勢で受け止める。私は「敬、怠に勝てば吉なり」という言葉にはそういう意味もあると捉えました。決定的に心の強い人はいません。迷いながら「身を捨ててこそ浮かぶ瀬もあれ」と自分に言い聞かせて一歩でも半歩でも前に進むと、受け止めやすくなるんですね。私は格闘技をやっていましたが、受け身に回ると一気にやられてしまう。苦しいながらも一歩踏み出すというのがこの言葉に対する私のイメージです。

**數土**　なるほど。

**齋藤**　敬は「他人を敬い、行動を慎む」という意味があるそうですが、慎むとは保身ということではなく、むしろ攻める姿勢を含んだものだと思うんです。そして、それは自己肯定感とも繋《つな》がっているように感じます。

いまの時代、謙虚という言葉が「近くにいる人たちの目を気にして大人しくしている」という意味で捉えられてしまうのは残念ですね。それは「敬」というものとは違うんです。将棋の藤井聡太さんは八冠になってもまだまだだと思っている。将棋はもっと奥深いものだと思って際限なくチャレンジを続けている。一つの道のトップに立つ人がそういう姿勢でいることを思うと、私たちはもっと学び続けなくてはいけないと気持ちを奮い立たされます。

**數土**　いや、いまの齋藤先生のお話は、非常にポイントを突いたものですね。多くの人が「自分は謙虚だ」とか「他人に敬意を払っている」とか言うけれども、実際にはビビって周囲に同調しているだけなんです。悪い人間に萎縮《いしゅく》し、気を遣ってばかりいる。まさに『論語』でいう「小人《しょうじん》は同《どう》じて和せず」です。それを謙虚と履き違えているのが現代人なんです。やはり、勇気を伴った敬、謙譲でなきゃいかんと、私はそう思います。

**齋藤**　両者は表裏一体だということですね。

人間は北極星のような遠いところを見つめながら永遠にチャレンジしていく限り、決して怠惰《たいだ》に流れることはありません。その時大切になってくるのが勇気と行動力なのだと思います。敬と勇を結びつけて「敬勇」という熟語をつくるのもいいと先生のお話を聞きながら感じました。

**數土**　『実語教』『童子教』を広める意義はそこにもありそうですね。きょうは尊敬する齋藤先生に多くの教えをいただき、本当に充実したひと時でした。

**齋藤**　私こそ數土先生のお話にはとても共感するところが多く、感謝しています。

（『致知』二〇二三年十二月号より・一部改）

數土文夫（すど・ふみお）
　JFEホールディングス名誉顧問。昭和16年富山県生まれ。39年北海道大学工学部卒業後、川崎製鉄入社。常務、副社長を経て、平成13年代表取締役社長。最後の川崎製鉄社長として、NKK（日本鋼管）との経営統合によるJFEスチール設立を進め、15年初代代表取締役社長（CEO）就任。17年JFEホールディングス代表取締役社長（CEO）。22年相談役。23年日本放送協会経営委員会委員長、24年東京電力ホールディングス社外取締役、14年より同会長の要職も歴任。川崎製鉄では冶金技術者として多くの論文執筆と特許出願でも貢献。東洋古典に造詣が深いことでも知られる。令和元年旭日大綬章受章。著書に『徳望を磨くリーダーの実践訓』（弊社刊）がある。

# あとがき

『実語教』と『童子教』は、江戸時代の寺子屋のテキストとして、子どもたちの人間としての骨格をつくる役割を果たしていました。寺子屋の教育はこの二冊の本をベースとして、学びの大切さや人と人とのかかわり方といった生き方の基本を説いていきました。それによって、向学心や他人への思いやりを中心に置く日本人の生き方が完成することになったのです。

日本の精神文化をつくったものには、もちろん神道もありますし、日本語そのものの豊かさもありますが、思想として見るならば儒教と仏教の影響が大きな部分を占めています。そのため、『実語教』と『童子教』には儒教と仏教の教えがしっかりと流れています。それが寺子屋で学んだ二宮尊徳や福沢諭吉などに入り込んで、血となり肉となっているのです。つまり、彼らは寺子屋で形成された精神文化をしっかり継承しているのです。

文化を継承するというのは、先人が積み重ねてきた心で今を生きる人の心を支えていくということだと思います。それを継承していないと、心は折れやすく、転がりやすくなります。心を安定させるためには、先人の築いた精神文化の上に今生きている人たちが乗っているような状態にすることが望ましいと思うのです。

江戸時代の人たちが培ってきた精神の宝ともいうべき文化を受け取るためには、この『実語教』と『童子教』が最適のテキストになります。当時の子どもたちと同じように、これを音読し、暗誦してみてください。そうすると、精神文化のみならず、身体文化をも継承することができます。これによって心身を整えることができるのです。

内容を見ると、くどいほど学ぶことを奨励していますが、学びを一つの柱にすることによって、それが長い人生を歩いていくためのエネルギーになり、指針にもなるのです。ちょうど北極星という目印があると、方角を間違えずに歩いていけるようなものです。私たちが長い人生を生きる間には、生きがいや生きる意味を見失うこともあるでしょう。もうだめだと思った瞬間に、『実語教』や『童子教』の一節を声に出して唱えてみると、

「こんなところに生き方の基本があった！」と気づくはずです。

人間にとって一番大事なものは精神の宝なのだとわかると、中高年や老年期の人たちにとっても救いとなるのではないでしょうか。人生においてさまざまな出来事に遭遇し、悩み苦しみ、考えることも多々あったと思いますが、結局のところ、心の豊かさを学ぶことが人間にとって一番大事なのだと気づくと、気が楽になると思うのです。子どもが『実語教』『童子教』を読むのも素晴らしいことですが、大人が今までのさまざまな人生体験を振り返って読むということにも大きな意義があると思います。

「こういうことが大切だ」と基本に立ち返って戻れるところに、『実語教』『童子教』を読む良さがあります。還暦のように一周回って元に戻る、基本に戻るために役立つ内容だと思います。江戸時代の子どもたちのような気持ちになって、背筋を伸ばし、音読してみてください。あるいは暗誦して朗々と唱えてみてください。きっと眠っていたエネルギーがよみがえるような、あるいは新たな泉を発掘したような気持ちになるはずです。

今回、『実語教』『童子教』の新たな価値を大人の皆さんと共有したいと思い、セットにして一冊の本として刊行することになりました。この本をつくる前にJFEホールディングス名誉顧問の數土文夫先生と『致知』誌上で対談させていただく機会がありました。その折に、非常に教養豊かな數土先生から「『実語教』『童子教』にいま一度スポットを当てなければいけない」といっていただきました。あれほどの経験をされた方にそういっていただいて、私も改めて『実語教』『童子教』が素晴らしいものなのだとの意を強くしました。そのときの數土先生との対談も本書に掲載しました。

元々は子ども向けの教科書ですから、「こんなものか」と物足りなく思われる方もいらっしゃるかもしれませんが、本書を音読・暗誦して、江戸時代の子どもたちがこんなことを基本にしていたのかと身をもって体験することには新鮮な驚きを感じていただけるはずです。またその価値を理解していただけるものと確信しています。

皆さんの豊かな後半生のために、本書を活用していただければ幸いです。

※底本には『明治頭書　改正　實語教童子教　完』（明治三年庚午春三月・和本）を使用しました。また、『新日本古典文学大系52　庭訓往来　句双紙』山田俊雄・入矢義高・早苗憲生・校注（平成八年・岩波書店）を一部参考にしました。

〈著者略歴〉

**齋藤孝**（さいとう・たかし）

昭和35年静岡県生まれ。東京大学法学部卒業。同大学教育学研究科博士課程を経て、現在明治大学文学部教授。専門は教育学、身体論、コミュニケーション技法。

『楽しみながら1分で脳を鍛える速音読』『国語の力がグングン伸びる1分間速音読ドリル』『齋藤孝のこくご教科書 小学1年生』『齋藤孝の小学国語教科書 全学年・決定版』『子どもと声に出して読みたい「実語教」』『子どもと声に出して読みたい「童子教」』（いずれも致知出版社）など著書多数。NHK Eテレ『にほんごであそぼ』総合指導。

人生がさらに面白くなる
**60歳からの実語教《じつごきょう》／童子教《どうじきょう》**

令和六年五月三十日第一刷発行

著　者　齋藤　孝
発行者　藤尾　秀昭
発行所　致知出版社
〒150-0001　東京都渋谷区神宮前四の二十四の九
TEL（〇三）三七九六―二一一一
印刷・製本　中央精版印刷



ISBN978−4−8009−1306−7 C0095
ホームページ　https://www.chichi.co.jp
Eメール　books@chichi.co.jp

装幀――秦　浩司
本文レイアウト――フロッグキングスタジオ
対談写真――藤谷勝志　studio flower
編集協力――柏木孝之

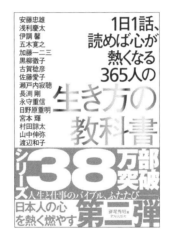